KB262514

암의 나라에서 온 편지

암의 나리에서 온 편지

Letters from the Land of Cancer

월터 웽거린 Jr. 지음 | 이명 옮김

포이에마
POIEMA

암의 나라에서 온 편지

저자 월터 웽거린 Jr. ∣ **역자** 이명

1판 1쇄 인쇄 2011. 11. 20. ∣ **1판 1쇄 발행** 2011. 11. 25. ∣ **발행처** 포이에마 ∣ **발행인** 김도완 ∣ **등록번호** 제300-2006-190호 ∣ **등록일자** 2006. 10. 16. ∣ 서울특별시 종로구 가회동 17 우편번호 110-260 ∣ 마케팅부 02)730-8647, 편집부 02)730-8648, 팩시밀리 02)730-8649

값은 뒤표지에 있습니다. 978-89-93474-88-6 03230 ∣ **독자의견 전화** 02)730-8648 ∣ **이메일** masterpiece@poiema.co.kr ∣ 좋은 독자가 좋은 책을 만듭니다. ∣ 포이에마는 독자 여러분의 의견에 항상 귀를 기울이고 있습니다.

"평화, 자네들 모두에게 평화가 깃들기를 바라네.
우리는 이 세상에 속한 사람들이 아니니."

차례

"이런 종류의 암은 없어지지 않습니다"

짐작했겠지만 나는 암에 걸렸다.

스스로 '전문 환자'라 부르기도 한다. 의사들하고 보내는 시간이 아주 많아서다. 검사대에 누워서 검사를 받고, 의자에 앉아서 의사들이 내리는 진단과 소견을 듣거나 상담을 하느라 셀 수도 없이 많은 시간을 보냈다. 사실 진찰이나 상담을 받으려고 대기실에서 기다리며 보낸 시간은 그보다 더 많다.

암이 시작되는 상태와 증상은 아주 다양하고 환자마다 상이하다. 환자가 겪게 될 증상을 미리 다 예견할 수 있는 것도, 증상의 원인을 분명히 밝힐 수 있는 것도 아니다. 암은 몸 전

암의 나라에서 온 편지

체에 충격을 가한다. 따라서 암을 치료하려면 각 분야 전문의들이 힘을 합쳐야 한다. 내 경우에는 혈액종양내과와 방사선과, 가정의학과, 호흡기내과, 이비인후과, 치과, 정신과 진료를 정기적으로 받아야 한다. 매주 또는 격주로 병원과 연구실에 가서 피검사를 하고, CT를 찍고 PET 촬영을 하고, 엑스레이를 찍고, 물리치료를 받아야 한다. 끊임없이 약국을 드나들고 아침저녁으로 알약을 복용해야 한다. 산소 호흡기도 껴야한다. 의사가 말한다. "지금 코로 산소를 공급하고 있습니다. 이곳은 산소호흡기가 설치된 중환자실입니다."

내 몸에는 암 덩어리가 있다. 이것도 하나의 일이다. 몸에 종양이 생기면 특유한 공동체에 소속된다. 그리고 그 공동체 안에서 의술을 행하는 다양한 사람들을 만나게 된다. 태도와 성격이 저마다 다른 사람들 말이다.

누군가가 노골적으로 물었다. "그 사람들이 대비를 하게 해주던가요?"

"누가요? 뭘 대비해요?"

"주치의들이 직접 암에 대해 이야기해주었냐고요."

"글쎄요, 그랬던 것 같습니다." 나는 그에게 의사들이 내린 차갑고, 단호하고, 과학적인 진단을 재빨리 읊어 내렸다.

잊지 못할 순간이었다. 진단을 내린 의사는 키가 작고, 단호하고, 공격적인 인간형이었다. 땅을 보고 급하게 걸었고 환자에게 말을 할 때도 눈을 마주치는 대신 무심히 컴퓨터에 시선을 뒀다. 키보드를 두드리는 소리만큼이나 눈빛도 딱딱했다. 내게 진단을 내릴 때도 그랬다.

"아니, 그게 아니라… 제 말은 암이 몰고 올 일에 마음의 준비를 하도록 도와주었냐는 뜻입니다."

나는 눈을 깜빡였다. 다시 그때 일을 기억해보았다.

한 치의 망설임도 없이, 목소리를 가다듬거나 숨을 고르지도 않고 의사는 곧장 말했다. "이런 종류의 암 조직은 없어지지 않습니다. 암이 당신을 죽일 겁니다. 개인차가 있긴 하지만, 결국은 암으로 죽게 될 겁니다."

암으로 죽기 전에 다른 일로 죽지 않는 한 그럴 거라는 뜻이었겠지.

나는 암 환자다. 암이 나의 내면과 외면의 삶을 지배하고 있다. 그리고 내 마음 한가운데 죽음을 가져다놓았다. 암은 없어지지 않는다. 그러므로 치유란 없다.

그렇다. 없어지진 않았다. 그래도 이 녀석들의 활동 속도가 조금 느려졌다. 덕분에 의사들과 나는 지금 기다림이라는 게임을 하고 있다. 암이 다시 분주하게 활동을 재개하지는 않는

　　　　　　　　　　　　　암의 나라에서 온 편지

지 지켜보는 시기에 접어들었다.

암이 잠들어 있는 이때가 어쩌면 암과 함께 생활하며 죽음과 점점 가까워진 지난 2년의 시간을 돌아볼 기회인지도 모른다. 삶의 종착역을 향해 가는 사람들에게 내 이야기가 도움이 될지도 모르니 말이다. 병으로 고통받는 사람들, 그들을 사랑하고 위로하는 사람들, 그리고 다른 이유로 죽음을 생각하는 사람들에게 조금은 의미가 있는 이야기가 되었으면 좋겠다.

이 이야기는 살아 있는 몸, 즉 육체를 지닌 모든 사람을 끌어안는 이야기다. 예수님을 향한 우리의 믿음이 가장 빛을 발할 수 있는 이야기이기도 하다. 이런 믿음의 이야기를 들으면 신실한 이들조차도 놀라곤 한다. 병에 걸리면 죽음을 두려워할 거라고들 생각한다. 하지만 얼마 안 있어 죽을 것을 알면서도 놀라울 정도로 평온한 자신을 발견할 때가 있다. 성령이 내 안에 임재하고 계시다는 믿음을 시험하고 증명하고 발견할 기회를 얻기 때문이다. 예전에는 누리지 못했던 기회를 죽음 앞에서 얻게 된 셈이다.

그러므로 내 이야기는 곧 당신의 이야기일 수도 있다.

지금까지 겪었고 또 겪고 있는 경험을 바탕으로 내 이야기를 차근차근 풀어가려고 한다. 기억을 더듬을 필요도 없다.

암 진단을 받자마자 나는 가족과 친지, 친구 들에게 편지를 쓰기 시작했다. 암에 걸렸다는 이야기를 듣자마자 바로 편지를 썼다. 심지어 종양내과 전문의 진찰실에서도 글을 썼다. 푹신한 의자에 앉아 화학치료를 받으면서 항암제 때문에 머리칼이 모두 빠져 내 머리가 달처럼 눈부시게 빛날 거라는 소식을 들으면서도 글을 썼다.

이 책은 대부분 그 편지들로 채워져 있다. 지난 2년간 암과 나는 떼려야 뗄 수 없는 막역한 사이가 되었다. 우리는 화장실을 무도회장 삼아 타일 바닥을 빙그르르 돌았다. 그럴 때조차 나는 글을 썼다. 심하게 어지러웠지만 매일 쓰고 또 썼다. 바로 그 순간 느끼는 감정과 드는 생각을 모조리 기록했다.

그래서 이 책에 "암의 나라에서 온 편지"라는 제목을 붙였다. 편지는 시간 순서에 따라 실을 생각이다.

너그러이 읽어주길 바란다. 나는 여기에 그동안 관찰했던 내용과 삶에 대한 회고를 담았다. 그리고 피와 살을 지닌 모든 영혼이 마지막에 겪게 되는 공통의 경험에 대한 묵상도 함께 실었다.

"나의 영을 주의 손에 부탁하나이다"

대대로 팔레스타인 어머니들은 아이들이 잠들 때면 머리맡에 앉아 기도하고 부드러운 목소리로 노래를 불렀다. 고대 유대지방 갈릴리 나사렛에 살던 유대인 어머니들은 자녀들 옆에 누워서 상냥하게 속삭였다.

"오, 주님. 당신 안에서 피난처를 구하오니…"

깊은 어둠, 그리고 죽음과도 같은 잠 앞에서 기도는 곧 위안이었다. 그러다 기도는 익숙한 노래가 되었다. "주님은 나의 반석과 나의 산성"이라는 노래를 들으며 아이들은 믿음이 돈독해졌다.

마리아도 밤에 기름 램프가 바람에 일렁이다가 꺼졌을 때 온 가족이 함께 불렀던 그 노래를 아기 예수에게 속삭였을 것이다. 시편 31편에 기록된 기도처럼 말이다.

"내가 나의 영을 주의 손에 부탁하나이다. 진리의 하나님 여호와여 나를 속량하셨나이다."

오늘날에도 우리 어머니들은 같은 기도를 하고 같은 노래를 부른다. 익숙한 기도로 예수님이 항상 여기 계시며 잠의 어둠 속에서도, 죽음의 어둠 속에서도 함께하신다고 아이들을 다독인다.

"주님, 이제 잠자리에 듭니다. 주님께서 제 영혼을 지켜주세요. 만일 깨어나지 못하고 영원한 잠에 빠진다면 주님께서 제 영혼을 구원해주세요. 예수님의 이름으로 기도합니다."

이 땅에 어머니가 살아 있는 한 이 각별한 위안도 사라지지 않고 계속 이어질 것이다.

이제 예수님께서 십자가에서 하신 일을 살펴보자. 어른의 마음이 다시금 어린아이의 마음으로 돌아가면 일찍이 아기 때 배운 믿음과 신뢰를 마지막까지 붙들기 마련이다.

어린 시절에 드렸던 기도가 회복된다!

> 때가 제육시쯤 되어 해가 빛을 잃고 온 땅에 어둠이 임하여 제구시까지 계속하며 성소의 휘장이 한가운데가 찢어지더라. 예수께서 큰 소리로 불러 이르시되 아버지 내 영혼을 아버지 손에 부탁하나이다 하고 이 말씀을 하신 후 숨지시니라(눅 23:44-46).

예수님이 내신 '큰 소리' 안에 다시 나타난 신뢰를 보라. 어머니의 노랫소리(시편 31편)에 담겨 있던 신뢰가 예수님의 모든 생애를 끌어안는다.

그리고 위안이 찾아왔다. 예수님과 함께했던 그 위안이 지

 암의 나라에서 온 편지

금은 우리와 함께한다. 신뢰와 믿음이 우리 삶을 에워싸고 있다. 오래 전 우리에게 평화를 안겨주었던 그 믿음이 우리가 무력할 대로 무력해진 지금 다시 모습을 드러낸다. 어머니와 아버지가 들려준 위안과 더불어 다시 돌아온다.

예수님의 삶처럼 나의 모든 삶을 하나님의 왼손과 오른손이 보호하신다면, 이 불치의 병에 관해 평화롭게 말하지 못할 이유가 있겠는가?

1957년 겨울,

우리 집 처마에 바람이 사정없이 몰아친다. 밤이 될 때까지 쉼 없이 몰아치던 바람에 지붕에 쌓였던 눈이 미끄러져 내린다. 갈라진 벽을 지나던 바람이 휘파람소리를 낸다. 지은 지 백 년도 더 된 집이라 단열처리가 형편없다. 부엌의 온기가 다락방까지 올라오지 못하고 흩어지고 만다. 간신히 올라온 조금의 온기마저 바닥 철근을 통과하면서 남김없이 사라진다.

나는 추위에 떨며 침대에 누워 있다. 몸을 너무 심하게 떨어서 삭신이 쑤시다.

우리는 캐나다 앨버타 주 에드먼턴에 살고 있다.

공기는 차고 북쪽 나라의 기나긴 밤이 다락방 가득 어둠을 드리우고 있다. 하지만 나를 떨게 만든 건 겨울이 아니다. 잠자는 동안 갑자기 오른 열 때문이다. 나는 터무니없는 꿈을 꾸곤 한다. 꿈에서 수업에 늦었다. 다음 장면에서는 벌거벗고 교실 안에 앉아 있다. 어디선가 엄습한 세찬 물소리에 묻혀 급우들의 웃음소리가 들리지 않는다. 나는 지금 물속에 있다. 캐나다 로키 산맥의 어느 개울 속이다. 춥다. 이런 끔찍한 꿈을 꾸느라 땀을 뻘뻘 흘리며 끙끙대다 겨우 잠에서 깬다. 눈앞에서 갑자기 불빛이 터진다. 여기가 어디지? 정신을 차리려고 주위를 두리번거린다.

동생은 내가 식은땀을 흘리는 것도 모르고, 깊고 고른 숨을 쉬며 잠에 빠져 있다. 밖에서 나는 세찬 바람 소리 때문에 안에서는 괴이하고도 깊은 침묵이 둥둥 떠다닌다. 텅 빈 복도와 비어 있는 아래층 침대들. 지금 깨어 있는 사람은 나뿐이다.

숨죽여 울거나 신음하지는 않는다. 절대로!

나는 이제 열세 살이다.

일곱 달 전, 달콤한 어느 봄날 나는 베들레헴교회 전교인 앞에 서 있었다. 목사님이 기독교 신앙의 가르침과 교리에 관해 물었다. 나는 외운 대로 대답했다. 사려 깊고 딱 부러지고 정확한, 백퍼센트 진실만을 이야기했다. 권위를 더하려고 매번 성경구절도 인용했다. 회중석에서 성인식을 지켜보던 가족들은 조금이라도 내 얼굴을 잘 보려고 좌우로 목을 길게 뺐

　　　　　　　　　　　　암의 나라에서 온 편지

다. 그리고 또박또박 대답하는 내 모습을 보고 뿌듯한 미소를 지었다.

그렇게 나는 어른이 되었다. 아니, 어른이 되었다고 들었다. 그리고 나는 그 말을 믿었다.

어른은 독립해야 한다.

어른은 스스로 해내야 한다.

어른은 부모에게 기대지 않고 스스로 책임을 진다. 어른은 예수님과 함께한다. 아마도 그럴 것이다. 주님에게 항상 손을 벌릴 수 있는 것 같지는 않다. 따라서 실제로 결정하고 행동하는 사람은 이제 막 어른이 된 바로 그 사람이다.

성인식을 치른 다음부터 나는 죽 어른답게 행동했다.

그러므로 지금 땀에 흠뻑 젖은 침대에서 신음하지 않을 테다. 누구에게도 약한 모습을 보이지 않을 테다. 훌쩍이며 우는 어린아이로 다시 돌아가고 싶지 않다.

그러나 어른이 되는 건 아주 어렵다. 어른이 되는 과정은 평생 이어지는 과정이고 전적으로 혼자가 되는 과정이다. 나는 홀로 깨어 지켜보고 있다. 예수님은 정말로 여기 계시지만 나는 그분을 볼 수 없다. 보이지 않는 예수님을 바라보는 건 너무나 버겁고 힘들다. 그러나 나는 불평하지 않는다. 정말이다. 속으로라도 투덜대지 않는다. 어른은 그래야 하고, 나는 어른이니까.

"주님! 반석이고 산성이신 주님! 배가 아파요. 배가 아파서 이 밤을 견디는 게 너무 힘들어요."

소리를 지르고 싶다.

캐나다에서 이런 날씨에 밖에 나가면, 얼마 걷지 않아서 머리칼이 고드름으로 변하고 만다. 부모님과 일곱 명의 형제자매가 온기라고는 엔진이 내는 열이 전부인 폴크스바겐 승합차에 옹기종기 타고 있다. 아버지는 운전석에 몸을 구부리고 장갑 낀 손으로 유리 안쪽에 낀 서리를 문지른 다음 우리에게 소리친다. "귀로 숨 쉬어! 뺨으로 숨 쉬어! 안 그러면 교회에 도착하지도 못할 거야!"

아버지는 눈치채지 못했겠지만, 나는 이제 어른이니까 아버지가 시키는 그런 우스꽝스러운 짓은 하지 않는다. 그런 행동은 어린애나 하는 짓이다.

결국 나는 울음을 터뜨린다. 슬며시 코를 훌쩍인다. 눈물이 제멋대로 비어져 나온다. 기분이 조금 나아진다. 아니, 내 영혼은 조금도 나아지지 않았다.

갑자기 바닥에 깔린 철근이 미열로 달아오른다. 빛이 철근을 통과해 비스듬한 다락방 천장을 회갈색 그림자로 채운다.

그리고 몇 분 뒤 기다란 빛줄기가 침실 문에 드리운다. 문

 암의 나라에서 온 편지

은 닫혀 있다. 천천히 문이 열린다. 나는 숨을 멈춘다.

문틈에 그림자 하나가 서 있다. 엄마와 닮은 그림자다. 날개처럼 접힌 엄마의 잠옷이 빛을 뿜는다. 천사의 날개처럼.

울음을 참으려고 너무 애를 썼더니 딸꾹질이 나온다.

엄마가 방 안으로 둥둥 떠서 들어온다. 뒤에는 불빛이 흐르고 있다. 엄마가 침대 맡으로 다가온다. 그리고 옆에 앉는다. 아, 엄마는 영혼이 아니다. 형체와 무게가 있다. 엄마가 앉자 침대 매트리스가 가라앉는다. 나는 따스한 엄마의 무릎에 몸을 기댄다.

무력해진 나는 결국 자제력을 잃는다. 소리 내어 흐느끼기 시작한다. 콧물이 윗입술로 흘러내린다. 이런 평온을 내가 누려도 되는 걸까? 세상에, 이런 안도감이 정녕 내게 허락되는 걸까?

"엄마?"

엄마의 대답은 음악 같다.

"여기 있단다. 월리. 엄마 여기 있어."

엄마가 시원한 손을 내 이마에 얹는다. 그리고 잠시 아무 말도 없이 앉아 있다.

불빛을 받아 빛나는 엄마 얼굴을 보다가 나는 엄마의 콧방울과 널찍한 이마에서 안도감을 느낀다. 모든 문제를 해결해

줄 것 같은 현명한 얼굴이다. 엄마는 몸을 구부려 나를 바라본다.

"왜 그러니?"

"배가 아파요." 나는 말한다. 사실이다. 나는 배를 양손으로 움켜쥔다. "배가 아파요."

"쉬, 쉬." 엄마가 내 머리칼을 쓰다듬는다.

"이렇게, 무릎을 가슴까지 끌어올리렴. 계속 그러고 있어. 다시 잠이 들 거야. 배를 누르고 있으면 아픈 게 낫는단다."

나는 다리를 접어서 끌어올린다. 무릎이 엄마 몸에 부딪힌다. 그래, 엄마 말이 맞다. 통증이 줄어든다. 특히 이런 겨울밤, 엄마가 부드러운 음성으로 노래를 부를 때면 아픈 게 사라진다.

나는 열세 살 먹은 어른이다. 또 아이이기도 하다. 달콤한 엄마의 노랫소리에 귀를 기울일 때면 우리는 누구나 자신이 어른이면서 아이라는 생각을 할 것이다.

우아한 우리 엄마가 내 뺨에 자기 뺨을 갖다 대고 노래를 부른다.

나는 예수님의 어린 양

내 마음은 항상 기뻐

동생은 계속 자고 있다. 동생도 나만큼이나 이 노래를 잘 안다. 동생이 깨지 않고 평안히 잠들어 있는 것도 어쩌면 엄마의 노랫소리 때문인지 모른다.

바람이 잦아든다. 마치 노래에 맞춰 반주를 하는 것 같다. 나도 함께 노래한다. 엄마의 목소리에 살짝 내 목소리를 얹는다.

　　나의 목자가 나를 상냥하게 인도하시니

　　내 필요를 알고 내게 주시니

어두운 겨울밤을 떠올릴 때, 예순네 살인 지금까지 내게 가장 위안이 되는 장면은 양치기의 모습이다. 성인식 문답 때문에 외웠던 성경구절 하나가 떠오른다.

"양은 그의 음성을 듣나니 그가 자기 양의 이름을 각각 불러 인도하여 내느니라"(요 10:3).

예수님은 이어서 말씀하신다.

"양들이 그의 음성을 아는 고로 따라오되…."

양치기 예수님과 양 월리에 관해서는 할 말이 무척이나 많다. 이 책을 덮기 전에 우리는 양치기와 양의 더 깊은 의미에 대해, 이 관계와 역할이 죽음을 향해 나아가는 우리에게 안겨 주는 참 평안에 대해 이야기를 나눌 것이다. 그러나 지금은 조금 더 단순한 이야기를 하는 것으로 족하다.

오늘 또 다시 죽음은 내 안의 아이를 드러냈다. 아이 같은 갈망으로 가득 찬 내 마음과 그 시절에 내 마음을 채웠던 그분을 향한 완벽한 신뢰를 드러냈다.

어린 시절 나를 위로해주던 노래는 지금도 변함없이 위로를 안겨준다. 예수님은 내 어머니의 노래 속에 계셨다. 지금은 누가 그 노래를 부를까? 누가 그 친밀함과 은총, 천사의 날개가 있는 그 달콤한 마차를 몰고 올까?

내 어머니의 노래. 그 노래에 살며시 얹는 내 영혼의 소리. 어머니와 내가 나누던 동지애, 내 아내와 아이들이 나누는 동지애, 신실한 친구들과의 동행, 그리고 하늘의 천사들. 우리 모두는 예수님이 십자가에서 부른 바로 그 노래를 부른다.

나의 목자는 다정하게 나를 인도하시고
내 필요를 아시고 채워주신다.
나를 날마다 한결같이 사랑하시고
내 이름을 불러주신다.
집에 있을 때나 멀리 있을 때나
예수님은 나의 지팡이시요 나의 피난처시라.
배고플 때 나를 먹이시고

  암의 나라에서 온 편지

푸른 초장으로 나를 인도하신다.

목마를 때면 고요한 물가로

가라 명하신다.

나처럼 행복한 이 누구리요.

나는 지금도 목자의 어린 양

천사의 무리가 지켜보는 가운데

나의 짧은 삶이 끝나면

그분이 나를 안아주실 것이며

나는 그분의 팔에서 쉼을 얻으리라.

_ 헨리에트 폰 하인,

   1784년 브뤼더 코랄부흐에서

* 저자의 정확한 명칭은 월터 웽거린 주니어이나 수신인과 상황에 따라 월터, 월트, 월리 등
  저자의 여러 애칭이 사용되었다.

Part 1

암 의 나 라 에 서 온 편 지

2006년 1월 16일 월요일

친 구 들 에 게

자네들에게 이야기하듯 쓰겠네.

12월 26일, 손녀 카신드라와 함께 먹을거리를 사던 중이었어. 무심결에 왼쪽 쇄골 바로 위 우묵한 부분을 만졌지. 꽤 큰 덩어리가 만져지더군. 왜 손을 올렸는지는 기억나지 않아. 무슨 예감이 있었던 건 아니었어. 당시 나는 내 옆에 서 있는 예쁜 손녀를 챙기고 빵을 고르느라 여념이 없었지. 손을 뻗어 무언가를 살펴볼 생각도 없었어. 가려웠던 걸까. 무언가 어색했던 걸까. 아니, 사실 그건 그냥 아무 생각 없는 습관적인 행동이었어.

무심코 손에 닿은 낯선 덩어리를 매만지며 크기를 가늠해보았지. 쇄골부터 어깨가 이어지는 곳까지 우묵한 곳을 물컹한 조직이 채우고 있더군. 길이는 10센티미터 정도 될까? 손으로 만져지는 곳보다 더 깊이, 뼈 아래로 이어져 있더군.

종양일지 모른다는 생각이 들더군. 안 그러면 피부 밑에 왜 그런 게 있겠나? 손으로는 쇼핑카트를 밀고 눈으로는 카신드라를 살피면서… 종양이라면 무슨 종양일까 하고 생각했지.

다행히 크리스마스라 아이들이 모두 집에 와 있었어. 며느리, 사위, 손주들까지 모두 말이야.

집에 가자마자 아내 스안을 따로 불러 목에 있는 덩어리를 만져보게 했어. 집사람은 아주 심각해지더군. 조금 있다가 가족 주치의인 키스 깅그리치 박사를 불렀어. 두 시간이 채 안되어 깅그리치 박사가 도착해서 나를 진찰했어. 그때가 월요일 오후였네.

"둘 중 하나입니다." 깅그리치 박사는 림프절이 부어오른 것 같다고 하더군. 림프절이 몸 안에 침투한 바이러스와 싸우고 있거나 림프종이라는 얘기였어.

깅그리치 박사는 망설이지 않고 즉시 나를 포터병원으로 보냈어. 병원에서 엑스레이와 CT를 찍고 집에 돌아왔다네.

     암의 나라에서 온 편지

집사람과 나는 아무 말이 없었지. 언제 연락이 올 지도 모르면서 마냥 결과만 기다렸어.

그리고 바로 다음날 진료실 앞에서 우연히 깅그리치 박사를 만났어. 방사선과 전문의에게 즉시 엑스레이와 CT를 판독해달라고 하더군. 덕분에 보통 사흘이 걸리는 결과가 하루 만에 나왔어. 진료실에 들어가지도 않고 깅그리치 박사가 말했다네. 겨울 오후에 건물 밖에 서서 말이야. "심상치 않습니다. 방사선과 전문의가 목사님 목에서 다른 덩어리 두 개를 더 찾아냈습니다. 림프종 같습니다."

그날이 화요일이었네. 다음날 저녁을 먹고 집사람과 나는 손주들을 내보내고 아들딸 내외에게 소식을 전했어. 집사람이 나더러 말하라고 하더군.

사실 나는 그다지 마음이 급하지 않았어. 캄캄한 어둠 속을 거닌다는 느낌은 들지 않았거든. 그래서 오히려 천천히 말했네. 단어를 하나하나 골라가면서 차근차근 가능한 담백하게 소식을 전했지. 아이들 넷 중에 결혼을 안 한 아이는 삼십대 중반에 들어선 매튜뿐이야. 조지아 주 애틀랜타에서 레스토랑 매니저로 일하고 있지. 그날 저녁에 매튜는 내 왼쪽에 앉아 있었어.

여기 앉아 자네들에게 병을 발견하게 된 과정을 쓰듯이 아이들에게도 똑같이 이야길 했어.

"암일 가능성이 높단다. 내 목, 그러니까 오른쪽 폐 아랫부분에 종양이 하나 있고, 폐에서 폐를 건너가는 흉골 밑에 또 하나가 있다고 하더라."

"무섭지는 않구나. 무슨 일이 생기든 일종의 모험이라고 생각하고 있다"라고 말했어.

목사가 되면 죽어가는 사람들 옆을 지키는 경우가 많지 않은가. 그래서 사실 예전부터 나는 죽음을 '모험'이라 여겼거든.

"그러니까 내 말은 전에는 겪어보지 못했던 일들을 죽음을 통해 경험하게 될 거라는 얘기야. 아프리카나 일본을 여행하는 것과 같지. 이 여행이 결국엔 모든 세계를 떠나게 될 거라는 것만 빼면 말이야."

나는 진심으로 그렇게 생각했어. 그리고 그 말로 가족들을 위로하려 했지. 가족들은 고개를 숙이고 식탁만 내려다보더군. 며느리 캐서린이 나를 바라보았어. 미동도 없이 내 눈을 바라보더니 눈물을 글썽이더군. 매튜는 이마를 식탁에 대고 손으로 뒷목을 잡고 있었어.

내가 원했던 반응이 아니었어. 혹여 내가 모험의 끝을 너무 많이 말한 건 아닐까 하는 생각이 들었어. 기도를 끝내고 모두 식탁에서 일어서는데, 매튜가 여전히 머리를 숙이고 등을

　암의 나라에서 온 편지

구부린 채 앉아 있더라고.

그러다 갑자기 일어서더니 화장실로 가 문을 닫아걸고 나오지 않았어.

부엌에서는 아이들이 분주하게 움직였어. 불을 환히 켜고 고무주걱으로 접시를 닦았지, 냄비와 프라이팬이 덜컥거렸어. 그러나 매튜는 계속 나오지 않았어. 집사람과 나는 서로를 바라보았지.

매튜는 내가 집에 안 들어올 때마다 불안해하던 아이였어. 내가 사흘 넘게 집을 비우거나 온 가족이 뿔뿔이 흩어지는 걸 견디지 못했어.

30분쯤 지나서 화장실 문을 두드렸네. "매튜야, 나오거라. 산책하러 가자꾸나."

매튜는 화장실에서 나왔고 코트를 입었어. 나도 부츠를 신고 두꺼운 코트를 걸쳤지. 그날 밤은 무척 추웠어. 서리로 땅이 꽁꽁 얼었더군.

우리는 아무 말도 하지 않고 나란히 걸었어. 황혼에서 새벽을 향해 가는 어스레한 빛이 우리가 가는 길을 밝혀주었어. 집사람과 나는 시골에서 살고 있거든.

마침내 내가 입을 열었지. "매튜야, 만일 내가 네 엄마에게 모든 걸 맡기고 떠나야 한다면, 그게 무슨 일이건 네가 대신

해주겠니?”

매튜는 여전히 아무 말이 없었어. 우리는 계속 걸었지.

“네가 가장 자유롭잖니. 이런 부탁을 할 사람이 너밖에 없구나. 너라면 안심이 될 것 같다. 나 대신 엄마를 돌봐주겠니?”

매튜가 몸짓으로 알았다고 표시를 했어.

그리고 우리는 서로 끌어안았지.

같은 주 금요일, 암 덩어리를 발견하고 나흘이 지나서 집사람과 나는 혈액종양내과 전문의 메리 클라인 박사를 만났어. 클라인 박사는 PET 촬영을 하고 외과의사인 쿠퍼 박사에게 조직검사를 받으라고 하더군. PET 촬영은 빨리 끝났어. 하지만 쿠퍼 박사를 만나려면 다음 주 목요일인 1월 5일까지 기다려야 했어. 쿠퍼 박사는 내 폐를 진찰했고, 공현대축일인 바로 다음날 수술을 하기로 했네. 단순한 조직검사가 아니라 수술이었어. 내 목에서 덩어리를 제거했거든.

일주일이 지나서 우리는 쿠퍼 박사를 다시 만났어.

의사는 내 암이 전이된 거라고 하더군. 암이 림프절에서 처음 시작된 게 아니라는 말이야. 내 몸 어디에선가 암이 생겨 림프절로 전이된 건데, 아마 왼쪽 폐에 있는 가장 작은 종양

　　　　　　　　　　　　　암의 나라에서 온 편지

에서 전이되었을 가능성이 크다고 하더군.

　오늘은 1월 16일이야. 집사람과 나는 체스터턴에 가서 다시 클라인 박사를 만날 예정이야. 클라인 박사가 치료법에 관해 이야기해줄 거야. 아이들에게도 전화를 해서 의사들에게 들은 이야기를 전해주었어. 집사람이 전화를 했지.
　설상가상으로 얼마 전에는 어금니를 네 개나 뽑았어. 리사 쉬들러 박사는 자기가 다른 의사들보다 먼저 암을 진단할 수 있다고 말하곤 했지. 치아에 생긴 문제가 증상을 보여준다고 말이야. 항암주사나 방사선 또는 낮은 백혈구 수치가 새로운 감염을 불러올 수도 있어서 어금니를 뽑을 수밖에 없었어. 덕분에 이젠 무언가를 씹으려면 혀를 뒤틀어 곡예를 해야 해.

　이게 지금까지 우리 부부에게 일어난 일이야. 나보다는 집사람이 더 힘들어해. 그 사람이 진 짐이 내가 진 짐보다 훨씬 무거운 게 사실이지. 건강한 사람은 사랑하는 사람 대신 자기가 아플 수 있다면 하고 간절히 바라지만, 가만히 지켜보는 것밖에 할 수 있는 일이 없으니 말이야.
　장담컨대 나는 아주 평화롭다네. 주변 환경은 아주 근사해. 마을과 교회, 대학까지 발파라이소에 있는 우리 공동체 말이야. 그리고 지금 나는 믿음으로 하나님나라를 고대하고 있어. 그 나라에 대해 많이 알진 못하지만 말이야.

평화, 자네들 모두에게 평화가 깃들길 바라네. 지금 이 세상에서 평화를 찾기는 쉽지 않지. 그러니 더욱더 우리 마음에 평화가 깃들길 바라네. 우리는 이 세상에 속한 사람들이 아니니 말이야. 우리는 구주가 나셨을 때 모든 이에게 평화가 깃들길 소망했던 천사들에게 속한 이들일세.

월트

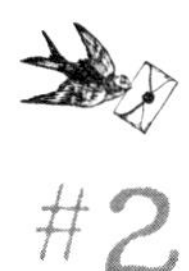

#2

1월 30일

1월의 마지막 월요일이야. 나는 대학 연구실에 있어. 30분 전에 학생들과 글쓰기 수업을 했어. 행복했네. 일주일에 한 번씩, 매주 월요일마다 글쓰기 수업을 하고 있어. 작문 수업을 시작한 지는 오래 되었어. 석사과정 전공자들과 부전공자들이 마지막 단계에서 꼭 거쳐야 하는 수업이지.

함께 둘러 앉아 한 주 전에 쓴 작품을 놓고 토론을 하곤 해. 인정을 받기 위해서도 돈을 벌기 위해서도 아니야. 그냥 즐거워서 하는 거야. 나는 가르치는 게 좋아. 학생들을 사랑하거든. 그 아이들의 상냥한 성격과 그들이 쓴 작품을 사랑한다

네. 창의적인 작가들이 종종 급우들 눈에는 괴짜처럼 비치곤
하지. 그리고 젊은 대학원생들은 대부분 자기가 보통사람과
는 다르다고 생각해. 그런 서로를 응원하며 위안을 얻지. 사
실 이들이 날카로운 통찰력을 보여주는 것도 다소 괴짜 같은
예술가적 감성 덕분이야. 고독한 작업이라 할 수 있는 자기
탐험에 나서고, 자신을 에워싼 다채로운 세상을 꾸준히 그리
고 예민하게 관찰하게 해준 것도 이런 특성 덕분이지.

학생들에게 내 경험을 이야기했어. 예전에는 나도 스스로
괴짜라고 여겼지. 보통사람과 다르다는 생각에 삶 전체가 완
전히 고립된 느낌이었어. 학대를 당한 적이 있는 아이는 자기
보다 힘센 존재가 행동에 나서기도 전에 사람들의 눈치를 살
피는 법이야. 상대방의 기분을 파악하는 법을 아주 빨리 배우
지. 그런 아이는 계속 상대방의 기분을 맞추면서 살아. 필사
적으로 학대에서 벗어나려고 하지만 결국은 또 다른 고통을
맛볼 뿐이야. 자라면서 아이의 불확실한 자아는 자신이 사람
들과 다르다고 단정을 내리지. 그러나 외부에 드러나는 정보
에서 내부의 의미를 읽어내는 아이의 날카로운 시선이 결국
그에게 힘을 부여한다네.

"사회의 경멸 때문에 고통 당하기보다 너의 장점인 관찰하
는 시각, 즉 통찰력을 사용하라."

     암의 나라에서 온 편지

처음 항암제를 맞기 전 날 내가 암에 걸렸다는 걸 아는 사람들은 상투적인 말을 되풀이했어. 모두 좋은 뜻에서 말이야. 하지만 그런 말들은 그 사람들과 나 사이의 미묘한 거리를 확인시킬 뿐이었어.

글쎄, 자네라면 죽을병에 걸린 사람에게 무슨 말을 할 수 있을까? 특히 자네가 상담을 업으로 삼는 사람이 아니고, 자네 스스로 환자와 자신의 차이를 확연히 느낄 때 무슨 말을 할 수 있을까? 병으로 괴로워하는 사람이 일상에서 분리되어 실험실에 격리되어 있다는 느낌을 받을 때 자네는 그를 위해 무슨 말을 할 수 있을까?

암 진단을 받은 지 한 달이 지난 지금 나는 내 처지를 이해할 수 없는 사람들의 처지에 나를 대입해보고 있네.

"이 병이 두 번째 삶으로 나아가는 계기가 되게 하소서. 내 몸에서 자라기 시작한 것들로 말미암아 내 삶이 새로워지게 하소서." 고백하건데 암 덩어리도 나의 일부야. 내 몸의 일부가 아니라면 내 피와 산소가 그것들에게 영양을 공급할 리 없지 않은가. 흥미롭지. 많은 사람이 내게 암 덩어리와 싸워 이기라고 말들 하지만 내가 나의 일부와 맞서 싸운다면 아마 대혼란이 일어나고 말거야.

"암은 악마가 보낸 거예요!" 나이든 한 여인이 나를 심하게 책망하더군. 어느 주일에 대학 예배당에서 설교할 때였어. 그 여인은 눈을 가느다랗게 뜨고 선지자처럼 중얼거렸어. "악마와 싸워 이기세요! 예수님은 승리하시리라! 악한 영혼을 내보내달라고 기도하세요!"

내 암은 3기 B로 판명되었어. 암에는 모두 네 단계가 있고 진단을 내리는 데는 최소한 세 가지 기준이 필요해. 단계에 따라 최우선으로 실시해야 할 치료법이 달라지지. 내 경우에는 암이 왼쪽 폐에 있는 약 3센티미터 크기의 종양에서 목과 가슴 양쪽에 있는 림프절로 전이되어 커다란 덩어리를 두 개나 만들었고, 세 번째 종양은 흉골 안쪽을 가로질러 전이되는 중이야. 그래서 네 단계 중 초기가 아니라 말기에 가깝다는 진단을 받았어. 솔직히 정확한 종양학 용어나 과정은 잘 모르겠어. 이제 막 배우기 시작했거든.

하지만 경험으로 짐작컨대 지금 상황은 아주 적극적인 치료가 필요한 것 같아. 그래서 즉시 화학요법과 방사선 치료를 시작했어. 화학요법은 일주일에 한 번, 방사선 치료는 월요일부터 금요일까지 보통 4시에 받는다네.

#3

1월 31일

친 구 들 ,

오늘은 1월의 마지막 날이고 화요일이야.

쿠션이 좋은 안락의자에 앉아 있어. 쿠션이 너무 좋아서 몸을 깊이 파묻고 오래 앉아 있다 보면 등골이 부러질 것만 같아. 가슴에는 튜브가 연결되어 있고, 튜브에서 떨어지는 독약이 내 혈관을 타고 흐르면서 나를 살아 있게 해주지. 독약이 나를 치료하는 셈이야. 참으로 아이러니한 일이지.

의자에 앉아서 편지를 쓰고 있어. 편지를 쓰면 시간이 금방 가서 좋아. 무엇보다 꼼짝 없이 의자에 파묻혀 있어야 하는 지루한 시간에 자네들을 떠올릴 수 있어서 좋아. 오늘은 내 몸의 반응에 따라 여기서 2시간 반 가까이 앉아 있어야 해. 아니 3시간인가? 약물은 튜브를 통해 투약 속도가 조절이 돼. 약 1시간 정도 맞을 거야. 물로 희석된 독약을 받아들일 수 있게 준비된 나의 몸에 약물이 들어가 혈관을 타고 흐르지. 약물 투입 초기인데 효험이 있는 것 같아. 약물에는 베나드릴이라는 알레르기 치료제가 많이 들어 있거든.

지난주 1월 24일 화요일에 처음 항암주사를 맞을 때는 알레르기 반응 때문에 투약을 잠시 중단해야 했어. 얼굴에 불이 나는 것 같았지. 갈비뼈가 폐에 바싹 붙어 조여드는 것처럼 숨쉬기가 어려웠어. 심장이 어찌나 빨리 뛰는지 하마터면 심장이 입으로 튀어나오는 줄 알았어. 그 탓에 내 몸의 여러 기능이 터보건썰매를 타고 무시무시한 속도로 미끄러지듯 급강하했지.

의료진이 항암제 주사를 중단하고 식염수를 주입했어. 그 다음에 베나드릴을 가져와서 링거 주머니를 다시 채우더군. 30분이 지나서야 알레르기 반응이 사라졌어.

지금 내 주변에는 나이 많은 사람이 여럿 있어. 머리칼이 숭숭 빠진 머리를 스카프로 감춘 여자들도 있고, 의자에 편하게 기대어 코를 고는 남자들도 있고, 더러는 책을 읽거나 TV

암의 나라에서 온 편지

퀴즈쇼를 보는 사람들도 있다네. 나는 그들 틈에서 몸을 숙이고 앉아 편지를 쓰면서 이곳에 자네들을 불러들이고 있지.

내 증상은 이렇다네.

사실 증상이라기보다는 내 몸의 종양들과 외과의사들, 그러니까 인체 기관과 의학 기술이 힘을 겨루는 가운데 어느 쪽이 기선을 제압할지 분명치 않은 징후라고 해야 하겠지.

그리 나쁘지는 않아. 머리칼은 아직 건재해. 아직 머리칼이 빠질 때는 아니라더군. 대개 항암주사를 맞고 나서 2주 반이나 3주가 지난 다음에 머리칼이 빠진다는 것 같아. 물론 여기에도 개인차가 있겠지.

신축성 있는 소시지처럼 생긴 식도와 위장 등의 소화기관들은 마치 내가 닭처럼 자갈을 쪼아서 삼키기라도 한 것처럼 반응해. 몸에 들어간 자갈들이 모래주머니에서 멈추지 않고 내 몸의 부드러운 기관들을 돌아다니며 긁어대는 기분이야.

요즘에는 우리 같은 환자들이 음식을 토하지 않도록 도와주는 약이 있어. 덕분에 옛날과 달리 구토에 시달리는 일은 비교적 적지. 목에 있는 덩어리가 목구멍을 누르는 것 같은 기분이 들지만 음식을 토하지는 않아. 그래도 이 두터운 점액질 덩어리 때문에 늘 토할 것 같은 기분이 들기는 해. 문제는 이 덩어리를 잘게 쪼개 내보낼 수가 없다는 거야.

쉽게 피곤을 느끼고 머리가 아파.

클라인 박사는 뇌 사진을 찍어 보자고 하더군. "너무 걱정하지 마세요. 모든 변화를 체크할 기준이 필요해서 하는 것뿐입니다." 변화라… 피곤한 느낌이 점점 더 심해지다가 조금 더 지나면 항시 기진맥진한 상태가 될 거라고 하더군. 피로가 누적되어서 그렇게 된대. 실제로 음식을 삼키는 게 점점 더 힘들어.

나는 준비가 되어 있어.

계속해서 가르치고 글을 쓰고 있다네. 그래도 뉴욕 여행은 취소할 수밖에 없었어. 뉴욕에서는 지금 내 책《던 카우의 서 *The Book of the Dun Cow*》를 원작으로 한 뮤지컬이 공연을 준비 중이야. 내가 다시 이 의자에 앉아 항암제를 맞을 즈음 브로드웨이에서 막을 올릴 거야. 처음 올리는 일곱 번의 공연에서 원작자인 내가 해설을 맡기로 했는데, 암 덩어리와 항암치료가 나를 가로막고 말았어. 사실 크게 마음이 쓰이지는 않아. 뉴욕에서 관중들에게 박수를 받으면 얼마나 기분이 좋을지 알 수 없네만 상관없어.

여전히 작가들에게 글쓰기 수업을 하고 있어. 진심으로 여기 발파라이소에서 가르치는 학생들을 사랑한다네. 가르치는

 암의 나라에서 온 편지

건 특권이야. 해마다 학위를 앞둔 학생들이 수업에 들어와서 나와 새로운 공동체를 만들지. 가르치는 건 마술이야. 가르치는 기술을 익히느라 시간이 꽤 걸리긴 했지만, 결국 기본 요소들을 익힐 수 있었어.

모든 일이 잘 풀리면 7주간 치료를 받게 될 거야. 중간 중간 촬영을 하고 수치를 재어 예후가 어떤지 살펴보겠지. 그리고 그 일이 끝나면 상처들을 살피게 될 거야.

"한 사람의 상처를 살피다." 이 문구에 담긴 은총과 신비로운 노고를 생각해보게. 토머스 맬러리가 쓴《아서왕의 죽음 *Morte D'Arthur*》에서 원탁의 기사들이 마지막으로 모였다네. 기사들의 우정이 말썽과 실패로 얼룩질 무렵이었지. 황혼이 깊어지고 있었지. 기사들은 그것이 마지막 성찬이 될 거라는 걸 알고 있었어. 당시 명망 높은 어리 경이 일곱 군데나 상처를 입고 아서 왕의 궁전에서 신음하고 있었어. 모든 기사가 예를 갖추고 충성스러운 마음으로, 선의와 믿음, 하나님의 사랑으로 그를 치료하려고 애썼지. 기사들은 한 사람씩 어리 경을 찾아왔어. 하지만 모두 실패하고 말았지. 어리 경이 입은 상처는 만질 때마다 더 크게 벌어졌고 다시 피를 흘렸어. 결국 모든 기사가 랜슬롯 경에게 어리 경의 상처를 살펴달라고 간청하게 되었어. "경건하게 무릎을 꿇고 랜슬롯은 살짝 피가 새어 나오는 상처를 샅샅이 살펴보았다. 그러자 바로 상처가 깨끗이 치료되어 마치 지난 7년간 상처가 아예 없었던 것처럼 보였다." 사랑, 그리고 그 사랑을 잃은 비애가 원탁의 기사들의 영혼에 그림자를 드리웠어. 그들이 누군가를 치료하기 위해 다시 모이는 일은 없을 거야.

내 마음 깊은 곳에 숨겨두고 입에 담지는 않을지라도, 몇 주에 걸쳐 내 상처를 살피다 보면 두려운 궁휼과 서글픈 결론에 다다르게 될지도 모른다는 걸 고백해야겠네. 나의 성찬식에 참여한 손길들이 나를 치료해줄까? 그게 아니면, 상처들이 입을 벌리고 나를 먹어치울까?

상처를 살피는 일은 CT와 PET, MRI 촬영, 그리고 일주일에 세 번씩 하는 채혈이 되겠지. 내 속을 보여주는 사진을 살필 때마다 우리는 예전에 촬영한 사진과 비교할 거야.

그럼에도 불구하고! 이렇게 말하면 분명히 역설이 되겠지만, 그럼에도 불구하고 내가 전에 썼던 말을 다시 반복하네. 이 극적인 사건을 겪으면서도 내 마음은 아주 평온하다는 말 말이야. 지난주에 맞은 항암주사 때문에 알레르기가 급속히 번졌지만, 암 역시 내 인생에 찾아온 모험이라는 생각을 앗아 가지는 못했다네.

     암의 나라에서 온 편지

하나님은 인간을 불행하게 만드시는 분이 아니야. 이 땅에 있는 누군가가 죽기를 바라는 분도 아니시라네. 그러나 그분은 다사다난한 인간의 삶에 참여하실 수 있고 또 그렇게 하시지. 그래서 그분은 우리의 약함을 이용해 우리 영혼을 사랑하시고 우리의 지친 뼈를 붙들어 넘어지지 않게 해주신다네.

집사람과 내가 암을 발견한 때가 크리스마스 연휴였어. 아이들이 가족을 데리고 우리 집에 모여 다 함께 크리스마스를 보내려던 참이었어. 정말 생각지도 못한 일이었어. 진단을 받자마자 아이들과 바로 이야기를 했지. 그렇게 멋진 아이들에게 둘러싸여 소중하고 격렬하고 달콤한 사랑을 받는 와중에 그런 소식을 들었으니, 하나님에게 크게 한 방 얻어맞은 기분이었어.

분명 치유가 있을 거라고 확신해. 내 몸뿐 아니라 내 마음까지 치유를 받게 될 거라고 기대하고 있어. 바쁘게 살면서 혼란스러운 세상에 속한 존재로서 난국을 헤쳐 나가느라 항상 평화롭지만은 않았던 내 지친 영혼도 치유되리라 믿어. 기꺼운 마음으로 이 마지막 휴식을 기대하고 있어. 육체가 쇠할 때 주님의 음성을 듣는다고 해서 놀라지는 않을 거야. 나는 그 둘 다 믿는다네. 물론 이런 내 모습이 합리적으로 보이지는 않을 거야. 나 자신도 이해할 수 없거든. 역설이지. 아니,

역설이라는 말로는 부족해. 그보다 훨씬 큰 신비거든.

"사탄이 하늘로부터 번개 같이 떨어지는 것을 내가 보았노라"라고 주님은 말씀하셨어. "그러나 귀신들이 너희에게 항복하는 것으로 기뻐하지 말고 너희 이름이 하늘에 기록된 것으로 기뻐하라." 내 이름, 세례를 받을 때 나를 부르셨던 하나님 아버지가 다시 한 번 재창조의 음성으로 내 이름을 부르실 거야. 그러면 나는 일어나 모세처럼 대답할 거야. "제가 여기 있습니다."

나흘 전 금요일에 화기애애한 모임이 있었어. 약 60여 명 앞에서 강의를 했어. 모두 접이식 의자에 앉아 내 말에 귀를 기울이더군. 암 이야기를 했어. 오른쪽 가슴 밑 10센티미터쯤에 관을 삽입하는 수술 과정을 간단히 설명했어. 그리고 자연스럽게 청중 중에 나처럼 관을 삽입한 경험이 있는 사람이 몇 명이나 되는지 물어보았어. 열두어 명이 손을 들었는데 모두 여자더군.

동지들! 나는 상처 입은 자들의 모임에 가입했다네.

월트

기억하라, 죽을 운명임을!

조금 전 필리스 아버지의 장례를 치렀다. 갑자기 돌아가신 건 아니다. 나이 지긋한 신사였던 그분은 한동안 의식이 없는 상태였다. 고통도 겪지 않았고 추하게 돌아가신 것도 아니다.

필리스는 장례식을 치르고 시신을 땅에 묻는 동안 눈물을 보이지 않았다. 슬픔이 컸지만 무너져 내리지 않았다. 품위 있는 차림새와 몸가짐에 감탄이 나올 정도였다.

조문객들이 자리를 뜨고 나서 나는 필리스 곁에 한동안 서 있었다. 필리스는 둥그스름하게 솟은 관 위에 하얀 장미꽃을 내려놓았다. 손톱이 손가락의 피부만큼이나 창백해서 보이지 않을 정도였다. 금발에 파란 눈, 꼭 다문 입이 여배우 셜리 템플을 연상시킬 정도로 아름다웠지만, 세상 일로 지칠 대로 지처 수척해 보였다.

기다리던 일꾼들이 마침내 일을 시작했다. 필리스와 나는 일꾼들이 손잡이를 돌려 구덩이 바닥에 관을 내려놓는 모습을 지켜보았다. 필리스가 손수건을 코에 갖다 대었다.

나는 필리스에게 "집까지 태워줄까요?" 하고 물었다. 물을 필요도 없는 어리석은 질문이었다. 필리스에게는 다른 방도가 없었다. 왜 필리스가 홀로 남겨졌는지 이유는 생각나지 않는다. 18년간 같이 산 남편 버니는 어디 간 걸까? 아마도 버니는 필리스를 묘지까지 태우고 온 검고 느린 장례차가 교회까지 데려다줄 거라고 생각했을 것이다. 그런데 장례차도 그녀를 두고 먼저 떠나버렸다.

필리스는 내게 집에 데려다달라고 했다.

내 차는 녹색 폴크스바겐으로 운전석과 조수석 사이 공간이 좁았다. 나는 시내까지 천천히 차를 몰았다. 집에 반쯤 왔을 때 디비전 가街로 접어들었다. 길을 따라 작은 가게들이 죽 늘어서 있었다. 토요일이었다.

갑자기 필리스가 자동차 앞유리를 치더니 소리를 질렀다.

그녀를 쳐다보았다. 목 뒤까지 벌게질 정도로 잔뜩 화가 나 있었다. 필리스는 가게들을 노려보았다.

"필리스! 왜 그래요?"

     암의 나라에서 온 편지

"저 사람들이요!" 그녀가 소리쳤다. "저 사람들이요!"

쇼핑백을 들고 걸어가는 사람들이 보였다.

"저 사람들은 어쩌면… 저렇게 똑같이 살아갈 수 있죠? 어떻게 아무 일도 없었던 것처럼 가게에 들어가 물건을 사서 나올 수 있죠?"

이해가 되었다. 그래서 화내는 필리스를 나무라지 않았다.

결국 세상이 무너져 내리기 시작한 것이다. 필리스의 세상이 말이다. 필리스에게는 그 세상이 세계의 전부였다. 필리스가 발을 딛고 서 있던 땅이 묘지에서 시내까지 쫙 갈라지고 있었다.

아버지가 돌아가셨는데, 왜 하늘에선 거대한 종소리가 울려 퍼지지 않는 걸까? 이제는 무엇 하나도 예전과 같을 수 없는데, 왜 이 사람들은 멈춰 서서 입을 가리고 슬픔을 억누르지 않는 걸까?

아버지가 돌아가셨는데….

죽음이 필리스의 삶을 그대로 멈춰 세우고 말았다.

모든 것, 이 땅에 있는 모든 것이 충격을 받고 영원히 바뀌어버렸다.

새롭고 푸르른 꿈으로 가득 찬 삶의 한가운데에 갑자기 죽음이 뛰어든 것이다. 죽음, 그 자체. 독일인들이 말하는 선험적 대상Das Ding an sich으로서의 죽음 말이다.

물론 여러 번 경고가 있었을 테지만, 전에는 경고로 끝날 수도 있었던 일이 갑자기 백발백중의 칙령이 되어버렸다. 이제 더 이상 '너는 죽을 것이다'라는 경고가 아니다. 이제는 절대적인 명령, '너는 죽어가고 있다'가 되고 말았다.

그 판결과 더불어 "죽은 뒤의 세상, 한 번 나그넷길 떠나면 두 번 다시 돌아올 수 없는 그 미지의 나라에 대한 불안"이 몰려온다.

"여호와의 말씀이 너는 집을 정리하라. 네가 죽고 살지 못하리라 하셨나이다."

오, 하나님! 나의 주님이시여! 내게 남은 것이 무엇입니까?

"나의 살!" 욥은 어떤 위로도 소용없다는 것을 알고 망연자실해 외친다. 부도, 명예도, 좋은 가족도, 자신의 의로움조차 종말에서 그를 보호해주지 못한다. 그리하여 욥은 외친다. "내 살에는 구더기와 흙덩이가 의복처럼 입혀졌고 내 피부는 굳어졌다가 터지는구나. 나의 날은 베틀의 북보다 빠르니 희망 없이 보내는구나." 이제 욥의 살은 몸에 붙은 흙을 먹고 사는 구더기 소굴이 되었다.

"네 집을 정리하라!"

우리가 이런 처지에 처할 때, 우리 삶을 휘어 감는 최후통첩을 받을 준비가 전혀 안 되었을 때, 일상에 끼어드는 죽음은 괴물과 같다. 그러면 우리는 온 힘을 다해 죽음에 대항해 싸운다. 죽음을 증오한다. 우리의 마음은 여전히 건강한 사람들에 대한 분노와 질투로 가득 찬다. 친구들과 조물주에게 울부짖고, 애원하고, 간청하고, 흥정한다. 그다음에는 절망으로 가라앉는다. 무력감에 빠지고, 실제로 죽음이 찾아오기도 전에 죽은 사람처럼 되고 만다.

그러지 않으려면 준비해야 한다. 최후 대결이 찾아오기 전에 미리 준비해야 한다.

허먼 토머스가 내게 자신의 아버지가 죽음을 맞는 과정을 들려주었다.

허먼은 내가 거의 15년간 목사로 섬겼던 그레이스교회 교인이다. 그레이스교회 성도들은 대부분 흑인이다. 도심에 살고 독립적이고 대단히 겸손하고 품위 있고 신앙심이 깊다. 성도들은 내가 그들에게 했던 것보다 더 많은 사랑을 베풀어주었다.

나는 허먼의 아버지를 알고 있었다. 생의 마지막에 그는 몹시 수척해져서 힘줄이 다 드러났고 어깨도 살짝 굽어 있었다.

머리는 아들의 머리보다 작았고 얼굴빛은 윤기가 없고 창백했다. 병색이 그의 까만 얼굴을 한 꺼풀 덮고 있는 듯했다.

"목사님, 전 매일 같이 아버지 곁에 앉아 있었답니다. 아버지는 한결같이 누워계셨죠. 침대에 몸을 쭉 펴고 계셨어요. 말씀도 없으셨고요. 그래도 저는 노래를 흥얼거렸죠. 나직하게 계속 흥얼댔어요. 그리고 아버지 머리칼을 부드럽게 만져주었습니다. 병원에서건 집에서건 항상 그렇게 했어요. 아버지는 어디에 있든 당신이 있는 그 방을 당신 집, 당신 침실로 만드셨거든요."

허먼은 키가 작고 성격이 차분하다. 그는 양손을 양쪽 무릎에 올리고 앉아 있었다. 일어서도 키가 내 코 정도밖에 닿지 않았다. 말을 할 때면 집중하느라 눈썹을 치켜 올리고 이마에 잔주름을 잡고 눈을 크게 뜬다. 그가 쓰는 표현에는 확신이 담겨 있다. "네, 맞아요. 정말입니다. 이건 아주 중요해요." 하지만 늘 편안한 미소를 지었다. 덕분에 신념을 강조해도 거슬리지 않고 온유해 보였다.

"아버지가 돌아가신 때는 어스름한 오후였어요. 목사님, 아버지는 눈을 떴어요. 방 안을 둘러보셨죠. 머리를 돌리지 않고 눈으로만 좌우를 둘러보셨어요. 아래 위도 살펴보시고요. 그리고 높은 천장의 한 지점을 올려다보시더니 오른쪽으로 시선을 옮기셨어요."

허먼은 자신의 내면을 들여다보고 있었다. 고개를 끄덕이더니 얼굴 전체가 부드러워졌다.

"아버지는 천장에서 시선을 떼려고 하지 않으셨어요. 그리고 손을 내밀어 제 팔을 잡으셨어요. 여러 날 동안 입을 다물고 계시던 분이 처음으로 말을 꺼내시더군요."

"'허먼, 넌 볼 수 없지. 유감이구나. 네 어머니가 저기 있다. 네 어머니가 나를 기다리고 있단다'라고 말씀하셨어요."

그러고 나서 불평 한 마디 없던 이 남자, 예수님의 빛을 온전히 신뢰하는 이 남자는 다시 눈을 감았고 세상을 떠났다.

아들 허먼도 슬퍼하지 않았다.

임마누엘.

"예수님이 천국에 있는 내 어머니 곁으로 아버지를 데려가셨어요."

저녁이다. 교회의 모든 빛이 말을 잃었다. 사람들이 자리에서 일어나 강대상 주변으로 모인다. 그리고 무릎을 꿇는다. 손을 포개고 고개를 숙인다.

목사가 자기 앞에 무릎을 꿇은 성도들을 한 사람씩 맞는다. 고개 숙인 성도들 머리 위에 손을 얹고 몸을 굽혀 작게 속삭인다.

“인간이여, 너는 흙이며 다시 흙으로 돌아갈 것을 명심하라
Memento, homo, Quia pulvis es, et in pulverem reverteris.”

목사는 재가 든 상자를 들고 있는 사람에게 돌아선다. 그리고 상자 안에 손가락을 집어넣는다. 그런 다음 다시 성도에게 돌아서서 이마에 검고 작은 선 두 개를 교차하여 긋는다. 성도가 교회 밖과 세상으로 지고 나갈 십자가다. 매일의 삶 한가운데 있는 십자가다. 여기 그리스도의 죽음의 표지가 있다. 그의 은총으로 우리도 그분의 죽음에 동참할 것이다. 우리가 그 은총을 받아들인다면, 십자가는 우리가 맞을 최후의 죽음, 삶의 끝에 있는 죽음의 표지이기도 하다. 이로써 우리는 그리스도와 하나가 되었다. 두려워할 게 무어란 말인가?

“기억하라, 죽을 운명임을!” 목사는 그렇게 속삭인다. 십자가를 그리면서, 십자가에 달리신 주님이 우리에게 필요함을 상기시키면서 말한다. “기억하라, 너는 흙이고 흙으로 돌아갈 것이다.”

오늘은 성도의 머리에 재를 뿌리는 사순절의 첫날, 바로 성회일이다. 재를 뿌리는 행위는 해마다 되풀이해온 전통 예배 의식으로서 우리 이마에 있는 십자가를 개인적으로 그리고 공개적으로 드러내는 행위다.

     암의 나라에서 온 편지

참으로 슬프고 우울하다고 말하려는가?

어쩌면 그럴지도 모른다. 그 순간의 분위기에 대해서는 이 자리에서 말하지 않겠다.

그러나 나는 그 의식이 미치는 영향을 아주 좋아한다! 이 의식이 교회로 하여금 그리스도인에게 무엇이 다가오는지 기억하게 하기 때문이다. 밤이 속히 가고 있으니 깨어서 마지막 날을 맞도록, 남자든 여자든 자신의 사악함을 돌아보고 회개하도록, 우리가 죽을 것이고 그때 그리스도의 죽음에 동참할 것을 알고 믿도록, 그래서 희망을 갖도록 우리를 각성시키는 의식이기 때문이다.

알다시피 이 모든 일은 죽음을 준비하는 행위다.

성도들의 무덤 옆에서 나는 많은 이야기를 했다. 다 기억하기 어려울 만큼 많은 말을 했다.

"필리스의 아버지는 꽃다발 아래 빛나는 관 속에 누워 있습니다. 이제 사람들이 관을 구덩이 바닥에 내려놓을 겁니다."

"하지만 우리는 먼저 이 죽음을 받아들여야 합니다. 그리고 그 안에서 우리의 죽음 또한 받아들여야 합니다."

나는 묘지에 모인 조문객들과 필리스를 위로하려고 했다. 바람 때문에 관을 덮은 덮개가 펄럭였고 비가 들쳤다. 사람들은 코트 속으로 몸을 더 깊이 움츠렸다. 그래서 나는 모든 사람이 들을 수 있게 목소리를 높여야 했다.

내 입에서 나온 말들이 의도했건 안했건 내 영혼을 변화시키고 있다. 죽음에 대한 내 느낌을 확장하고, 삶에 관한 느낌을 확장하고 있다. 나는 성도들에게 아주 자주 말을 해야 한다. 특히 어떤 감정이 북받치고 위기감이 고조될 때 말을 해야 한다. 그렇게 내가 뱉은 말들은 다시 내 안으로 깊숙이 들어온다.

땅에 아주 조그만 구멍이 있고 주변에 우리 셋 밖에 없을 때도 그렇게 말했다. 나와 아기를 유산한 엄마, 그리고 하얀 관 속에 누운 아기 셋뿐이었다. 내가 두 손으로 직접 관을 옮겨도 될 만큼 아기는 아주 작았다.

똑같은 말을 총에 맞아 죽은 청년의 시신 앞에서도 했다. 다른 젊은이가 그를 쏘았다. 아무 이유도 없이. 사람을 잘못 본 탓이었다.

그리고 노인들, 병이 위중한 사람들, 몹시 지친 사람들 앞에서도 그 말을 했다. 아주 자주. 그래서 두려움에 휩싸이지도 비참한 심정에 휘둘리지도 않고 폐암에 걸렸다는 소식을 받아들일 준비가 되어 있었다. 하지만 약간 체념을 했던 것 같기도 하다.

　　　　　　　　　　　　암의 나라에서 온 편지

전능하신 하나님은 그의 현명한 섭리로

죽은 우리 형제의 영혼을 이 세상에서

취하기를 기뻐하시므로

우리는 그의 몸을 땅에 맡깁니다.

흙에서 흙으로, 재에서 재로, 먼지에서 먼지로 돌아갈지니

이는 우리가 우리 구주 예수 그리스도를 통해

영원한 생명으로 부활할 것을 소망하기 때문입니다.

그분은 모든 것을 한결같이 자신에게 복종시킬 수 있으시니

그에 따라

그분은 우리의 사악한 육신을 바꾸셔서

그의 영광스러운 육신을 따라 빚으실 것입니다.

성부 하나님

이 육신을 만드셨고

성자 하나님

그의 피로 이 육신을 영혼과 함께 구원하셨고

성령 하나님

세례로 이 육신을 깨끗하게 하사 그의 성전을 삼으셨으니

모든 살이 부활하는 그날까지 이 시신을 지켜주소서.

아멘.

#4

3월 6일

친 구 들 ,

눈이 내리고 있어. 오늘은 일요일이야. 정오 무렵 눈이 내리기 시작하더니 저녁이 되었는데도 그칠 줄을 몰라. 밖은 지금 황혼이 드리우고 있어. 눈송이가 하늘하늘 떨어지면서 공기에 층이 생기는 것 같아. 가까운 곳에선 빠르게, 먼 곳에서는 느리게 눈이 내려. 그런데 눈이 쌓이지는 않아서 나무와 들판을 모두 하얗게 바꾸지는 않았어. 마치 면사포를 통해 밖을 보는 것 같아.

기온은 영하 1도를 맴돌고 있어서 눈송이가 유리창에 부딪

　　　　　　　　　　　　　　　　　　　암의 나라에서 온 편지

칠 때마다 탁탁 소리가 나. 나는 산책을 갔다가 방금 돌아왔어.

쉬고 있어. 그냥 시간을 보내고 있지. 최근 아주 급격히 체력이 떨어지고 있어. 오후나 저녁이 되면 지쳐서 깜빡깜빡 졸다가 소파나 침대에서 깨곤 해. 그러다 보니 결국은 잠을 설치지.

그래서 더 운동이 필요해. 낮은 오르막을 열두어 발짝쯤 걷다가 멈추고 숨을 쉬면서 혈액에 산소를 공급한다네.

우리 집 주변에는 삼림이 우거져 있어. 스안과 내가 사는 집 말이야. 많은 생물이 지나다닌 흔적을 보고 있으면 바깥세상이 얼마나 바쁘게 돌아가는지 실감이 나. 발걸음을 옮기는 곳마다 생물들이 남긴 흔적이 있어. 우선 사슴 흔적이 보이는군. 사슴이 눈 위에 발자국을 남겼어. 토끼 발자국은 네 개가 꼭 붙어 있지만 너구리 발자국은 깔끔해. 부리나케 달려간 조그만 생쥐 발자국도 있군. 이 동물들이 부러워. 돌아다니는 데 아무 어려움이 없거든. 그런데 다들 어디로 숨었는지 내가 눈 속을 걷는 지금은 주변이 모두 고요해. 저기 마멋의 굴로 통하는 작은 구멍이 보이는군.

숨이 가빠. 찬송을 부르면 숨이 멎는 것 같아. 목소리가 아주 낮아져서 비로소 진짜 베이스가 되었어. 높은 음을 부르려면 기침이 나와. 두 마디도 채 부르지 못하고 앉아서 씩씩대.

이런 일들이 요즘 내 마음을 채우고 있어. 시간을 들여서 천천히 몸을 움직여 이런저런 일을 해야 해. 하지만 꼭 운동 만을 위해 몸을 움직이는 건 아니야. 아름답게, 그리고 말없이 사랑하면서 살고 싶어. 무슨 일이 있어도 병색이 완연하여 망가지고 싶지는 않아. 아무래도 눈 내리는 겨울에 밖을 거니는 건 이번이 마지막이 될 거 같아. 그렇다고 추억을 만들려고 걷는 건 아니야. 이번이 마지막이 될 거라는 걸 알기 때문이지. 시간이 걸려도 상관없어.

글쎄, 어떻게 설명하면 좋을까.

임박한 죽음을 맞닥뜨린 사람은 변한다고들 하더군. 죽음이 가까이 왔다는 걸 알면 하루하루를 아주 충실하게 살려고 애쓴다고 말이야. 한순간 한순간을 평생처럼 살아야 한다고들 해. 강렬한 인식이 생겨나 현재의 일에 미친 듯이 집중하고 과거에 무심히 흘려보낸 시간을 보상하려고 노력한다고 해. 수많은 생각이 머리와 마음을 가득 채워. 예전에 왜 그렇게 많은 시간을 내일을 향해 돌진하는 데만 썼는지 후회가 돼. 지금에 이르려고 그렇게 애를 태웠는데, 갑자기 살아 있을 수 있는 햇수가 줄어든 거야. 아직 세월이 많이 남았다고 생각하고 여러 가지 미덕을 잃은 거지. 그 때문에 울적해하지만, 사실 이것이 상실로 말미암은 우울한 생각을 차단할 수도 있을 거야. 남아 있는 마지막 날들은 과거에 보낸 날들보다 균형을 잘 이뤄야 하거든. 이 마지막 날들이 이제 내 남은 생의 전부이니 말이야.

불치병에 걸린 사람들의 일반적인 반응을 설명하자면 그렇다네.

내 경우는 훨씬 단순해. 그저 주의를 기울이고 있는 정도야.

일 년이 될지 몇 년이 될지, 아니면 반년으로 끝날지, 내 병이 얼마나 오래 갈지는 알 수 없어. 하지만 내게 현재는 언제나 이전과 같아. 예전과 마찬가지로 주의를 기울일 기회야. 불치병에 걸렸다고 시간이 더 강렬해지지는 않아. 시간은… 그저 시간이야. 나는 현재에 있어. 그것으로 충분해.

숲 속을 거닐고 땅을 일구는 걸 좋아해. 지금처럼 계절이 바뀔 무렵에 숲 속을 걸으면 매일 달라지는 자연을 느낄 수 있어. 이 주변은 계절에 따라 옛것이 새것으로 바뀌거든. 시간은 이렇게 늘 해왔던 일을 지금도 하고 있어. 매번 다른 겨울과 봄, 어제와 내일. 걷는 것도 일하는 것도 모험이야. 과거와 현재의 차이는 이 정도가 고작이야. 내 몸 안에 암을 품기 시작한 시점을 기준으로 과거와 현재의 나를 구분한다고 해도 말이야. 늘 그랬던 것처럼 내게는 기회가 있어. 물론 이번이 마지막일 수도 있지.

만일 내가 지금보다 더 열심을 낸다면, 글쎄, 그러면 더 자주 숨을 헐떡거려야 할 테고 주의를 기울이는 능력도 형편없어질 거야.

편지가 지나치게 내면에 대한 묵상으로 기울고 있다고? 미안하네. 그럼 좀 더 외면에 관한 이야기를 해보지.

방사선을 빠른 속도로 계속 쬐고 있어. 전체 횟수 중 절반 정도 맞았어. 방사선 치료는 서른일곱 번 받을 것 같아. 지금은 스무 번 좀 넘었어. 다 맞은 다음에는 다시 또 한 주간 특정 부분에 집중해서 맞아야 해. 암 덩어리 두 개가 방사선 치료 덕분에 줄었다고 하더군. 추정이기는 하지만 가슴 중앙에 있는 종양이 5센티미터에서 3센티미터로 줄었대. 의사들 얘기로는 방사선이 가슴과 복부를 불편하게 한다더군. 지금이 딱 그래. "불편하게 한다"는 말을 나는 주사를 놓을 때 "조금 따끔하실 겁니다"라고 하는 말처럼 받아들인다네. 주사를 맞을 때는 꼭 말벌에게 쏘이는 것 같잖아. 벌에 쏘이면 따끔하다가 살갗이 불타오르지. 꼭 그런 느낌이 들어.

그런데 내 몸통에 갇힌 통증은 마치 묘목이 내 안에 쳐들어와 뿌리를 내리는 것만 같아. 뿌리는 저 아래 창자에, 가지는 내 목에 있어. 그 덕분에 나는 밤에도 깨어 있을 때가 많아.

화학요법, 그러니까 항암주사를 맞는 일도 아주 순조롭지만은 않아. 혈구 수치가 꽤 자주 저 아래로 떨어지거든. 지금까지 두 번이나 백혈구가 감소해 항암제 투여가 무척 위험했어. 백혈구 수치가 더 떨어지면, 방사선 치료를 중단해야 해. 방사선과 의사는 두 주에 한 번 다른 항암주사를 맞으라고 하더군. 내 등뼈에 있는 골수에 백혈구를 증가시키기 위한 거야. 잘 되어가는 것 같아. 효험이 있어. 그런데 자꾸 등뼈가 불평을 해. 아파. 새 화학약품이 뼈를 한 방 때린 거야. 깊고 깊은 멍이 든 느낌이야. 곧 두 주에 한 번, 양을 절반으로 줄여서 항암주사를 맞고 반응을 확인할 거야. 덕분에 치료 기간이 늘어날 테지.

친구들, 자네들이 보낸 편지, 마음으로 나와 함께하며 나를 응원하는 편지들이 내게는 복된 대화였어. 자네들의 다양한 생각이 멋진 대화를 만들어냈어. 편지 덕분에 집에서 나가지 않고도 귀중한 대화를 나누는 즐거움을 누렸다는 뜻이야.

집 앞에 서 있는 가로등에 눈이 쌓여 마치 눈 뿔처럼 보여. 밖은 점점 추워지고 있어. 눈 조각들이 더 작고 단단해지고 있어. 탁탁 소리가 유리창을 손가락으로 두드리는 것만 같아.

좋은 친구가 있다는 건 얼마나 좋은 일인가! 잘 자게.

월트

금빛으로 헹구고 끝없이 들판을 걷다

주 하나님이 우리로 거하게 하신 창조의 세계, 곧 자연계의
영광에 관하여 친구 로버트 시겔이 쓴 찬가를 읽다.

오늘의 대기여, 주님을 찬양하라.

금빛으로 헹구고 끝없이 들판을 걸으면서

향로들처럼 파랗게 구름을 피워 올려라.

하나의 음표 같은 태양을 안고

모든 것을 통과해 달리는 깊은 저음으로

새들을 깨워 끝없이 합창하게 하라.

강물아, 그분 앞에 흘러내려라.

격류들아, 소리 높여 찬양하며 기뻐하라.

가장자리에서 흔들리던 호수가

하나의 선명한 생각이 되어 하늘을 비추고

반짝이는 호수를

차고 날아오르는

난폭한 갈매기들을 비추네.

잔디여, 그분 앞에서 녹색 불꽃으로

계속 타올라라.

나무 그림자여, 지휘봉처럼 잔디 위를 쓸어가라.

바람아, 집 모퉁이와 장작을 태운 연기를 품고

보이지 않는 옷자락으로 세상을 달콤하게 만들라.

귀뚜라미여, 그의 심금을 울리고

아이의 장난감처럼 밤을 불러오라.

나무여, 그 자리에 서서 그분의 현존을

깊이 생각하라.

휘몰아치는 바람에 나뭇잎이 휘날릴 때

해와 달이 적국의 깃발처럼 몸을 활짝 펴고 기울 때

칼이 주님을 찬양할 때처럼, 찌르레기여, 재빨리 날아오르라.

달빛 아래 열을 지어 둥지를 향하는 참새들아,

이른 아침 햇빛 속에서 열매를 찍어 먹어라.

떠나가는 저녁 숨결 위를 미끄러지면서

갈까마귀와 비둘기의 이야기를 전하고

재빨리 파닥여 초록의 집들을 향해 날아가라.

벌레여, 구불구불한 계단을 올라라.

두더지여, 코로 어둠을 헤쳐 갈 때

서글픈 이야기는 하지 마라.

개는 목에 맨 가죽끈을 잡아당기며 짖고

놀란 고양이는 발작적으로 끽끽거리고

뱀은 먼지 속에 제 이름을 새기라.

기뻐하라. 물을 내는

반석의 근원은 그분이시니

들뜬 원자와는 정반대여라.

상상할 수 없는 우주의 곡선

참을성 있는 줄처럼 잡아당기는 시간

그리고 중력, 가장 격렬한 자연의 사랑.

그분이 웃으시니 환한 빛이 밤을 몰아내고

은하가 은밀한 벌집에서 떼를 지어 나오고

산이 바다에서 머리를 들어올리고

갈라진 대륙이 다시 모이려고

끝없이 기어가고, 사그라지는 별의

최후 폭발로 행성이 녹아내린다.

그분의 아주 작은 신호로

봄은 초록빛 장막을 이 땅 위에 펼치고

사막은 도시들 너머에서 홀로 속삭이고

고원을 덮은 빙설은 넓어져 꽃처럼 시든다.

그분의 침묵 속에 바위가 움직이고 초목이 원인을 살피고

거미가 기하학적 문양의 거미줄을 치고

유충이 복숭아나무 한가운데서 꿈을 꾸고

아이가 연필로 구불구불한 선을 그리고

개가 몸을 더 깊이 움츠리고

새의 발처럼 미소를 머금는다.

똑바로 앉아라, 공기가 등뼈를 타고 내려가도록.

폐가 장미꽃밭처럼 활짝 펴지도록

눈과 눈 사이에 태양과 달을 매달아라.

손으로 균형 잡힌 하늘의 무게를 달아라.

그대의 혀, 가장 빠른 기관,

개념으로 말하던 단어를

유전자의 성소에 내보내라.

숨을 내쉴 때마다 그분을 찬양하라.

맥박의 리듬에 따라 발을 움직이라.

(그분이 숨긴 진주와 루비 같은 그대의 관절)

감정이 움직이는 대로 손을 높이 들라.

가슴 깊은 곳에서부터 소리치라, 음악에 맞춰 목이 쉬도록.

주님께 기쁨과 즐거움을 돌려드리라.

너의 심장에 뿌리를 내린, 유액을 분비하는 식물처럼 은밀한

주님께.

_로버트 시겔, 〈말도 안 되는 일 *From in a Pig's Eye*〉

 암의 나라에서 온 편지

#5

3월 26일

이 방에 있는 TV는 늘 켜져 있어. 꺼져 있는 것을 한 번도 보지 못했어. 항암주사를 오후 1시 15분에 맞기 시작했어. TV에선 게임 쇼, 연속극, 토크쇼가 계속 이어져. 사실 새로 온 사람들이나 주사에 신경을 쓰지 정기적으로 오는 환자들은 TV 화면만 처다본다네. 다양한 색채와 움직임, 소리가 계속 쏟아져 나오거든. 헌데 머릿수건을 쓰고 안쓰러울 정도로 마른 여자 환자 한 명이 책을 읽으면서 비스듬히 앉아 있군. 모두 소설이야. 한 권을 다 읽으면 다른 사람들 읽으라고 옆에 놓아둔다네. 그러나 그녀가 인심 좋게 빌려주는 책을 집어 읽는 사람은 아직까지 보지 못했어.

옆에 있는 환자 몇 명은 뜨개질을 하고 있어. 노인들 대부분은 졸고 있고. 이곳에서 가끔 보는 젊은 친구는 노트북을 켜고 일에 몰두한다네. 나도 그래. 나는 지금 노트북을 무릎에 얹고 몸을 앞쪽으로 기울이고 앉아서 키보드를 두드리며 자네들에게 편지를 쓰고 있어.

만일 내가 보내는 편지가 매번 같은 소리를 되풀이하거나 소름끼치거나 지루하다면 그냥 던져버려도 좋아. 원치 않는 짐을 지워서 자네들을 괴롭히고 싶지는 않네.

몇 차례 이어진 첫 방사선 치료는 어제 끝났어. 이제 화학요법을 한 단계나 두세 단계 올리게 될 거야. 가능하면 공격적으로 치료해달라고 의사들에게 부탁했어. 매주 뱀의 머리 같은 플라스틱이 나를 꽉 물고 있어. 이빨을 통해 매번 최대로 독물을 뱉겠지.

일요일에 손주들과 함께 예배를 드린 것이 오늘로 두 번째야. 노아와 에마. 집사람이 집 내벽에 페인트칠하는 것을 도우려고 딸 메리가 찾아왔어. 내 능력으로 페인트칠을 하는 건 무리야. 계단을 올라갈 수가 없거든. 그렇지만 내가 할 수 있

                                   암의 나라에서 온 편지

는 일이 있지. 손주들과 어울리는 것 말이야. 이제 시간이 얼마나 남았을까? 나중에 이 아이들은 나를 어떻게 기억할까?

교회에서 충동적으로 에마에게 손을 내밀어 보라고 했어. 에마는 자기 왼손을 내 오른손에 올려놓았어. 아무것도 묻지 않고 내가 10분 동안 제 손을 바라보게 해주더군.

감동했어! 에마의 손목에 있는 가느다랗고 푸른 정맥을 내려다보았어. 어느 지점을 누르면 정맥 하나가 사라지더군. 손거스러미, 울퉁불퉁한 손톱 끝부분, 손등까지 유심히 보았지. 에마의 손바닥. 이렇게 본 적은 한 번도 없어. 보는 행위 덕분에 그 순간 드리는 예배까지 아주 친밀해졌어. 에마는 자기를 바라보는 할아버지를 이상하게 쳐다보지도 않았어. 그런 신뢰가 얼마나 고맙고 사랑스러운지 몰라.

에마의 조그마한 우윳빛 손을 더 가까이서 보려면 안경을 이마까지 올리고 조금씩 멀리 떼면서 골똘히 내려다보아야 해. 에마는 그냥 좋아했어. 위안이 되었어. 에마의 손을 그처럼 세세히 안다는 것. 에마가 매일 수도 없이 사용하는 손. 에마는 손을 사용해서 만지고 쓰다듬고 붙잡고 치고 신호를 보내고 개를 어루만지고 글씨를 쓰고 글자를 가리키지. 에마의 손을 안다는 것은 에마의 영혼에 다가가는 것과 같아.

"나를 기억해주렴."

다음은 노아 차례야.

교회에서 노아는 에마보다 부산스럽고 이것저것 해달라는 것이 많은 편이야. 노아는 주변이나 자기 자신에게 일어나는 일에 관해 줄곧 질문을 던지지.

그럼에도 노아는 내 말을 들어주었어. 내가 자기 손을 잡고 손등과 손바닥을 올려보면서 손가락 관절을 하나하나 가까이서 쳐다볼 수 있게 해주었어. 노아의 손톱은 에마의 손톱과는 분명히 모양이 달라. 더 넓고 거칠어. 거스러미는 더 적고 손목은 별로 굵지 않아. 버드나무 가지처럼 가느다랗고 힘든 일은 거의 할 수 없을 것 같은데도 이 아이는 어떻게든 해내. 공도 아주 세게 던져. 그레이하운드 품종의 매직이라는 개를 힘껏 끌어당기기도 해. 갑자기 화가 나서 단단한 물체를 깨뜨리기도 한다네. 에마와 노아 둘 다 손등에는 털이 한 오라기도 없어. 앞으로 나겠지. 내 털이 빠질 동안에 말이야.

죽기 전에 내 손주들의 손을 모두 살펴볼 생각이야. 아이들이 할아버지가 자기 손을 살펴보는 것을 얼마나 편안하게 받아들이는지 알게 될 거야. 아마도 맥스웰은 참을성이 별로 없을 거야. 하지만 노아가 나를 놀라게 한 것처럼 맥스웰도 그럴지 몰라.

집에 페인트칠하기. 지난주에는 방사선 치료를 두 번이나 받느라 몹시 지쳤어. 자리에서 일어서거나 기침을 심하게 할 때 심각한 혼란을 느끼곤 해. 어지럼증과 비슷하지만 꼭 어지럼증은 아니야. 마치 나를 둘러싼 세계가 영화 같은 것으로 바뀌는 느낌이야. 내가 그 영화에 출연하는 배우나 스태프가 되는 건 아니야. 말하자면 나는 그냥 관객이야.

어지럼증 때문에 당황스러워. 아무것도 못할 정도는 아니야. 중요한 일이 있으면 그 일을 위해 힘을 아낄 수 있거든. 지난주 일요일에는 부활교회 예배에서 두 번이나 설교했어. 내게 남은 에너지와 사용할 수 있는 에너지가 얼마나 되는지 대충 짐작이 돼. 그래서 다른 사람들이 서 있는 동안 나는 앉아 있었어. 설교하는 동안에도 등받이 없는 의자에 앉아 있었어. 예배가 끝나고 성도들과 악수도 하지 않았어. 집사람이 걱정했거든. "사람들이 너무 많아요. 세균도 너무 많고!" 결국은 그렇게 과업을 이룰 수 있었어. 부활주일에 다시 설교할 예정이야. 그 과업도 기대하고 있다네. 그리스도께서 부활하셨네!

나의 아버지는 은퇴하시던 해 부활주일에 설교하러 와달라는 초대를 한 군데서도 받지 못하셨어. 그날 오후 아버지는 나를 부르시고 "윌리, 난 죽어가고 있단다"라고 말씀하셨지.

죽어가고 있다는 말은 아버지에게 비유가 아닌 사실이었어.

열흘에서 열나흘쯤 되는 이 시간이 내게는 가슴을 후비는 심정으로 상황을 정리하는 기간이었어.

이건 꼭 해야 할 고백이야.

나는 다른 사람에 대한 평정심과 인내심, 선량함을 잃었어. 간호사들과 임상 간호사들, 치료를 지휘하거나 내 피를 뽑는 의료진들, CT 촬영으로 생명의 징후를 들여다보는 사람들, 그리고 이곳에 있는 수위들에게 어느새 고압적인 태도를 취하고 있더군.

촬영을 하려고 병원에 온 환자들을 돕는 나이든 자원봉사자는 내게 아무 해도 끼치지 않았어. 대기실에서 기다릴 때면 그 사람을 거쳐야 해. 그런데 이번에 그 사람이 나더러 멈추라고 해서 깜짝 놀랐어. 등록을 먼저 하라더군. 얼마나 자기중심적인가! 나는 환자인데 말이야!

그 사람에게 버럭 소리를 질러서 기분 나쁜 티를 내지는 않았어. 대신 속삭임에 가깝게 목소리를 낮춰서 이야기했지. 내가 놀라울 정도로 화를 참고 있다는 걸 조금은 알게 하려고, 또 조금은 거만한 사람들에게 위협이 되도록 아주 어려운 단어와 복잡하고 난해한 문법을 동원해서 이야기했어. 그리고는 상대방의 눈을 똑바로 응시했어. 오만함은 다른 사람을 노예 상태로 떨어뜨릴 수 있어. 아주 강력해. 잘못된 거야.

집사람과 나는 가까운 친척이 아닌 사람들이 우리에게 강한 확신과 위로를 바라면, 우리가 그들에게 갚아야 할 빚이 없다는 걸 분명히 밝히는 편이야. 바로 지금 우리에게 닥친 상황, 우리를 억누르는 상황에 대처하는 것만으로도 이렇게 힘든데, 다른 이들에게까지 신경을 쓸 수는 없지 않나. 우리는 무엇보다도 자식들과 손주들에게 최우선으로 영적 에너지를 써야 하는데 말이야.

그러나 그렇다고 해서 직업적으로 나를 돕는 사람들, 혹은 내 상태를 전혀 모르는 사람들을 괴롭힐 권리가 있는 것은 아니야. 사람들과의 만남이 내 영혼에 끼치는 영향을 생각해보면, 친절한 마음으로 만날 때와 마지못해 만날 때, 후자가 훨씬 더 힘들다는 사실을 알게 돼.

맹세코, 그런 행동은 잘못된 거였어.

병원에서 만난 그 나이든 자원봉사자도 내게 그대로 보복하더군. 딱딱거리면서 내가 했던 대로 고스란히 돌려주었어. 그러니 그 여자가 나 때문에 굴욕감을 느끼지는 않았을 거야. 하지만 그녀는 나 때문에 선량함을 조금 잃은 셈이지.

불치병이 그렇게 할 권리를 주었다고 누가 말할 수 있나?

사람들이 이해심을 갖고 나를 만나야 한다고?

예수님이 겪은 크나큰 고통들이 복음서에 상세히 기술되어 있는데, 저자들은 예수님이 고통 속에서도 제자들을 설득했다고 말하잖아. 그분은 냉소를 보내거나 비판하지 않았고 자기중심적으로 불평하지도 않았어. 오히려 자신을 죽이려는 세상을 평온과 용서와 은혜와 진정한 사랑으로 맞이했지. 그러니 예수님을 따른다는 내가 이처럼 옹졸한 것은 분명 잘못된 거야.

결국 내가 기대하는 너그러움은 바로 은혜야.

이 병이 아무리 길어지더라도, 그리고 결국엔 끝이 오더라도 은혜로 우아하게 견딜 수 있기를 바라고 있어.

사랑하는 친구들, 자네들이 보내는 장문의 편지가 기쁘기 그지없네. 편지로 이런저런 생각을 만날 수 있어서 반가워. 나를 자네들의 삶에 기꺼이 끌어안으려는 마음이 느껴져. 편지를 읽으면 마치 자네들이 나를 찾아와 대화를 나누는 것 같아. 자네들의 문장과 자네들의 생각이 변해가는 것을 꼼꼼히 읽으려 하네. 내게 과중한 일을 안겨준다고 생각지 말게. 자네들이 나를 둘러싸고 있는 느낌이 들어 아주 좋아.

신실한 벗, 월트

 암의 나라에서 온 편지

쉼 없이 쏟아지는 노아의 질문

노아가 네 살 무렵 나는 노아와 집 뒤에 있는 넓은 공터를 걷곤 했다. 오랫동안 베지 않아 노아의 허리춤까지 풀이 자라 있었다. 나는 노아가 걷기 쉽도록 풀을 밟아 길을 내주었다. 우리는 물결치는 듯한 풀숲 위로 큰 갈색 줄기가 두 개 솟아 있는 것을 보았다. 잠깐 멈추어 바라보다가 조금 더 천천히 앞으로 나아갔다.

알고 보니 그 줄기는 갈색 암컷 사슴의 귀였다. 사슴도 서서 우리를 바라보고 있었다. 사슴 귀가 레이더 접시처럼 소리를 잡으려고 오목해졌다. 우리는 계속 움직였다. 사슴은 뛰어가며 우리와 거리를 벌리더니 멈추어 한 번 더 바라보았다. 그런 다음 우아하게 나무들 사이를 헤엄치듯 사라졌다.

사슴은 보이지 않았다. 그런데 무슨 소리가 났다. 씩씩거리는 소리였는데 무언가 지시하는 듯했다. 아니면 무서워서 내는 소리였을까. 얼마 안 있어 작은 머리 두 개가 풀숲 위로 튀어 올랐다. 새끼 사슴이었다. 새끼들은 목을 쭉 뻗기만 할 뿐 일어서지 않았다.

나는 그 자리에 멈췄다. 하지만 노아는 쭈그린 채로 새끼 사슴에게 다가갔다. 흥분할 때면 늘 그렇듯이 노아의 커다란 귀가 발그레해졌다. 풀숲에서 연신 땀을 흘리는 노아의 머리털이 불그스름하게 빛났다. 노아는 작게 킥킥거렸다.

노아가 그렇게 가까이 가는데도 새끼 사슴들은 움직이지 않았다. 어미 사슴이 소리를 높였지만, 새끼 사슴들은 가까이 다가오는 이 핑크빛 존재에게 홀린 것 같았다. 노아가 열 걸음쯤 떨어진 지점까지 다가가자 새끼 사슴이 하나씩 엉덩이를 들고 일어나 다시 노아를 바라보았다. 킥킥대는 노아의 웃음소리에도 전혀 위협을 느끼지 않는 것 같았다.

새끼 사슴들이 어미에게 달려가자 잔뜩 신이 난 노아는 커다랗게 소리 내어 웃으면서 배를 잡고 땅을 뒹굴었다.

노아는 내 첫 손자다. 캠프를 하려고 숲에 데려간 것도 그 아이가 처음이다.

약 1년 뒤의 일이다.

우리는 텐트를 치고 슬리핑백을 펴고 샌드위치를 몇 조각 먹은 다음 늦은 오후의 햇빛을 받으며 신이 나서 숲을 수색하고 다녔다. 노아에게 갖가지 숲속 동물이 사는 굴을 보여줄 생각이었다. 마멋, 다람쥐, 토끼, 여우 등등. 빈터에 검은 산딸기가 있었다. 주머니쥐? 너구리? 우리는 무언가 있다고 확신했다.

실제로 그랬다.

노아는 전혀 겁을 먹지 않고 열심히 나를 앞질러 갔다. 나는 탁 트인 공간에서 비스듬한 햇살이 잎사귀 모양으로 떨어지는 것을 보았다. 노아도 빛이 떨어지는 바닥을 보았다. 그리고 다른 무언가도 함께 본 것 같았다. 갑자기 노아가 몸을 구부렸다. 킥킥 웃으면서 조그만 코요테처럼 행동했다.

"할아버지."

"뭐가 있니?"

"할아버지! 사슴이에요."

나는 노아 뒤를 더 잘 보려고 눈에 힘을 주었다. 사슴 한 마리가 비스듬히 배를 깔고 누워 움직이지 않았다. 마치 어두운 땅으로 잦아들기라도 하는 것처럼.

"노아야, 기다려."

노아는 기다리지 않았다. 그래서 나는 노아를 붙잡으려고 급히 앞으로 달려갔다. 내가 만든 라켓도 내동댕이치고.

사슴의 머리가 뒤쪽으로 틀어져서 두개골이 어깨뼈 사이에 눌려 있었다. 금빛 햇살을 받은 배에서는 진한 액체, 상앗빛 흰 액체가 천천히 흘러나오는 것처럼 보였다.

악취가 진동해 코를 틀어막아야 했다. 그런데 노아는 아주 평온하게 서서 집중하고 있었다. 간신히 노아를 따라잡았다.

노아가 상앗빛 줄기를 가리키면서 물었다. "할아버지, 저게 뭐예요?"

"구더기란다, 노아야. 아주 많은 구더기야. 파리가 사슴 안에 아주 많은 알을 낳았고 거기서 수없이 많은 구더기가 나왔어. 구더기들이 사슴을 다시 흙으로 바꾸고 있는 중이야."

야영지로 돌아와 텐트 안에 눕자 어둠 속에서 노아가 물었다. 잠든 줄 알았는데 아니었다.

"할아버지?"

"왜?"

"그게 뭐였어요? 우리가 숲에서 본 거 말이에요."

"말했잖니, 아주 조그만 벌레야. 모두가 자기 일을 하고 있지." 재는 재로, 먼지는 먼지로 돌아가는 법이다. 그래도 할아버지라면 자연의 이치로도 농담을 할 수 있어야 한다.

“아니요, 그 사슴이 뭐였어요?” 노아의 질문은 진지했지만 이상했다.

“사슴이란다. 그냥 사슴이야. 무슨 말을 하고 싶니?”

“사슴이 아파요.”

“아니야, 노아야. 그 사슴은 죽었단다.”

“죽는 게 뭐예요?”

아, 노아! 어린아이의 마음은 삶의 무거운 교훈을 담을 정도로 성숙해 있지 않았다.

“사슴의 눈을 보았니?”

“예… 아니요.”

노아가 옳았다. 눈은 빠져나가고 없었다.

“그게 죽은 거란다. 더 이상 생각하지 않는 거야. 사슴의 몸 안에는 영혼도 없고 뇌도 없고 숨도 쉬지 않아. 그냥 몸만 남은 거야.”

그런 다음 우리는 꽤 오랫동안 아무 말 없이 누워 있었다. 손자가 잠 속으로 미끄러졌다고 생각했다.

그런데 아니었다. 노아는 또 물었다.

“할아버지?”

“왜?”

“할아버지도 죽을 수 있어요?”

#6

부치지 못한 편지

다섯 달 전 혼다에서 나온 2006년형 릿지라인을 샀어. 새 트럭이었어. 빨간 색이고. 아마도 내가 사는 마지막 자동차일 거라고 생각했지.

헌데 지난주에 사고로 차가 산산조각이 났어. 내 실수였어.

빨간 불이 켜졌기에 오른쪽으로 꺾어들었지. 30번 고속도로 동쪽 방향은 한산했고 오른쪽 차선은 하나뿐이었어. 나는 돌진하는 뒤차들을 피하면서 간신히 오른쪽 차선으로 접어들었고 곧장 속도를 올렸다. 내 뒤에는 18륜 트럭이 천천히 달리고 있었지. 트럭의 속도를 가늠해 보았어. 속력을 올려 끼어들어도 좋을 것 같았어.

트럭 앞으로 이동했다고 생각하고 여유롭게 왼쪽 차선으로 들어섰어. 타이밍은 완벽했어. 그런데 그 차선이 2초도 가지 않아 끝나버렸어.

갑자기 릿지라인에서 끔찍한 마찰음이 났어. 나는 오른쪽으로 핸들을 틀었고 자갈과 잡초와 좁은 도랑으로 돌진했지. 그게 끝이었어. 엔진이 괴상한 소리를 내더니 죽어버렸어. 18륜 트럭도 브레이크를 밟았어. 놀랍게도 그 차는 내 앞에서 차체 길이 정도만 밀리더니 멈추었어.

차에서 나왔지. 둘 다 차에서 내렸어. 그런 다음 훨씬 작은 내 트럭이 얼마나 망가졌는지 살펴보았어. 세상에! 차 뒷문에서부터 뒷부분으로 이어지는 금속판이 온통 찢기고 갈라지고 뒤틀려 있더군. 왼쪽 뒤 타이어는 펑크가 난 정도가 아니라 완전히 망가졌더군. 갈가리 찢어졌어. 대형 트럭의 차체와 앞 범퍼를 지나 12센티미터가량 튀어나온 바퀴 돌출부가 내 빨간 릿지라인을 씹어 먹었더라고. 마치 거인이 잭의 가슴뼈와 내장을 씹으려고 작정했던 것처럼 말이야. 그렇게 내 차는 죽었어. 그런데 말이야. 내 앞에 멈춰 선 이 거대한 괴물은 흠 하나 입지 않았다네. 돌출부에 묻어 있는 릿지라인의 붉은 파편을 제외하면 멀쩡했어.

사이렌 소리가 들렸어. 서쪽으로 가던 경찰이 고속도로 반대편에서 사고를 목격했던 거야.

가슴이 쪼그라들어서 용기란 용기는 죄다 사라져버렸어. 얼마나 사고 장소를 뜨고 싶었는지 몰라. 갑자기 방광이 터질 것 같았어.

쉐보레 말리부 1991년형 앞을 가로지르다 사고를 낸 게 겨우 몇 주 전이거든. 내 차 왼쪽 뒤 범퍼가 말리부 오른쪽 헤드라이트를 친 사고였어. 말리부 운전자는 휴대전화로 경찰을 불렀어. 경찰이 오기를 기다리는 동안 우리는 잡담을 했어. 시카고 거리에서 싸움을 하다가 끔찍한 상처를 몇 번 입었다면서 보여주더군. 아래쪽 내장에는 의사가 꿰매지 않은 구멍이 있다고 했어. 모든 상황이 우호적인 것 같았지.

"이것 보세요." 운전자가 윗니를 턱 빼더군. 몽땅 틀니였어. 삼십대 초반의 그 남자는 부모님과 함께 살고 있다더군. 골치 아프고 무력한 그 남자를 내가 쳤던 거야. 오, 주님. 이게 무슨 일이죠? 내가 무슨 짓을 했단 말입니까?

종양이 악성이라는 것을 확인하자마자 집사람과 나는 무슨 일이 있어도 가까이 있고, 절대로 감정을 숨기지 않으며, 절대로 거짓말하지 말자고 약속을 했어.

하지만 요 근래 몇 주간 내가 한 실수들 때문에 집사람이 화가 난 건 아닐까 겁이 나. 평소에 하던 일들을 해내지 못하고 있어. 그리고 극적인 사고를 치지. 그것도 아주 비싼 사고들 말이야.

하지만 집사람은 내게 그런 이야기를 하지 않아.

딱지를 끊은 경찰은 아무도 없었어. 그건 좋았어. 하지만 집사람 말에 따르면 보험료가 천 달러 넘게 올라갈 거래. 아니면 보험회사가 우리 둘 다 보험을 해지시키거나. 암 치료에 들어가는 비용은 이미 다리가 휘청일 정도야. 그래도 대학 건강보험으로 비용을 처리할 수 있었어. 왜 안 좋은 일은 한꺼번에 터지는 걸까?

그날 우리는 보험을 인수한 회사와 우리를 중간에서 중재하는 대행사에 갔어.

모르겠어. 내 진술서를 받은 바네사라는 대리인이 내게 몇 가지 간단하고 기본적인 질문을 하더군. 2-3주 전에 내게 했던 질문과 똑같았어. 그 사람은 그저 정보를 다시 확인하고 있었을 뿐이야. 그런데도 마치 그 사람이 나를 괴롭히고 있는 것 같은 기분이 들더군.

이런 생각이 들었어. '사람들이 왜 이렇게 까다롭게 굴지?

난 아픈 사람이고 끔찍한 고난이 나를 괴롭히고 있는데. 자기들은 정상이잖아. 정상인 사람들이 나를 이상하다고 쫓아내다니.'

그래서 접수대가 간신이 칸막이 역할을 하는 공공장소에서 그만 울음을 터뜨리고 말았어.

어쩔 수가 없었어.

코를 훌쩍이면서 중얼거렸지. "내 잘못이 아니야. 내 잘못이 아니라고. 난 암환자야. 암이 나를 약하게 만들었어."

 암의 나라에서 온 편지

#7

5월 3일

변치 않는 다정한 친구들,

　요즘 이 단어가 어느 때보다 깊은 의미를 갖게 되었어. '친구'라는 단어 말이야.

　2주하고 사흘 전 부활주일에 설교를 했어. 부활교회 교인 숫자는 육백 명에서 칠백 명 사이인데, 그들 앞에 서니 마치 바다 앞에 서 있는 것 같았어. 어린아이처럼 예수님을 의지하는 태도를 강조하면서 설교를 마쳤어. 최근 나를 사로잡고 있는 태도야. 말을 마치고 조용히 오른손을 들어 신뢰의 힘을 표시하면서 왼손 엄지를 입에 넣고 빨았지.

그리고 말없이 의자로 돌아왔어. 위로의 파도가 밀려들어 나를 일으켜 세웠어. 내 뒤에 앉아 교회를 채운 사람들, 그들은 모두 내 존재를 알고 예수님의 길로 내려가는 나와 기꺼이 함께하려고 했지. 그런 느낌이 나를 감쌌어. 아주 거대한 회중이 내 영혼을 둘러싸고 있었어. 동시에 그들은 이 편지를 읽을 내 소중한 친구들을 대변하기도 했지. 그리고 자네들은 내가 올라 탄 옷자락, 그 옷의 주인이신 예수님을 대변하기도 해. 난 버림받지 않았어.

영혼의 공동체이자 성령의 공동체인 친구들이 나를 바다처럼 둘러싸고 있어. 가장 참을성 있는 위로자인 집사람과 더불어 나의 몸과 영혼을 열정적으로 껴안고 있지. 자네들, 마음으로 사랑하는 이들! 자네들은 다정하게 나를 격려하는 우정의 물결이라네. "오 그대 어둡고 깊고 푸른 바다여, 굴러라."

나를 둘러싼 가족 구성원들도 우정을 나누며 꾸준히 사랑스러워지고 가까워지고 있다네. 단순한 핏줄을 뛰어넘는 무언가가 있어. 핏속의 온기 같은 것 말이야.

자네들 모두에게 평화가 깃들기를 바라네. 그리고 고마워.

다시 항암주사를 맞는 중이야. 이번이 마지막이기를 바라. 이번 항암주사가 끝나면 화요일에 병원에 오지 않아도 돼. 그

     암의 나라에서 온 편지

리고 약 두 달 반이 지나면 CT와 PET로 내 몸 내부를 촬영할 거야. 그때, 종양내과 의사에 따르면 그때에야 비로소 치료 결과를 알 수 있다더군. 우리는 암이 생긴 지 넉 달이 넘었다는 걸 알아냈어. 그러니 여섯 달 뒤에 내가 어디로 헤엄쳐가야 하는지 그 방향을 알게 되는 셈이지. 길고 긴 여정이 될 거야. 내가 닿는 곳은 모래톱일까, 해안일까.

매일 걸어서 작업실을 오가. 밭 두 개와 나무가 있는 중간 지점을 지나 길고 완만한 언덕을 내려가지. 물론 내려가려면 짧고 가파른 언덕을 먼저 올라야 해. 그렇게 걸어 다니면서 내가 얼마나 지치는지를 살피면 체력이 소진되는 정도를 측정할 수 있어. 어제는 이 길을 걷는 동안 두 번이나 멈춰서 몸을 구부려야 했어. 손을 무릎에 얹고 숨을 쉬려고 헉헉댔어. 지난 6주간 끈질긴 기관지염으로 고생했어. 녹색 담이 나오더군. 오늘 오후에 세 번째로 다른 항생제를 맞기 시작할 거야. 내 등은 손이 살짝 닿기만 해도 무척 긴장해. 가슴은 텅 빈 것 같아. 둔한 것 같기도 해. 아니 둘 다야. 암 때문에 생긴 증상이겠지만, 기침 때문이기도 할 거야. 이 깊은 피로감은 치료 탓일 거야. 의사도 그럴 거라고 미리 이야기하더군. 치료는 보통 오후 6시에 시작해. 고된 일을 견디고 나면 침대에 몸을 뉘어야 하지. 한숨도 자지 못할 때도 있고 열두 시간을 내리

잘 때도 있어.

　걸음을 멈추었어. 부활절 무렵 이곳 풍경이 얼마나 아름다운지 그만 울고 싶었어. 갑자기 온갖 색채가 온갖 농도로 폭발하고 있더군. 사과나무는 꽃을 활짝 피웠어. 부드러운 향이 나무 주변에 퍼지고 흰 꽃잎들이 눈처럼 풀잎에 누워 있어. 이곳 야생 사과나무들은 봄에 모두 흰옷을 입고 결혼식장에 들어선 신부의 자태를 뽐낸다네. 거기 서서 숨을 쉬려고 애쓰면서 세어 보니 사과나무가 스무 그루도 넘더군. 검은 야생 체리꽃은 톡 쏘는 듯한 강한 향을 풍기지. 들판은 다양한 수선화와 노랑수선화, 피처럼 붉은 튤립, 조그만 컵 모양과 대못 모양, 왕관처럼 둥근 컵 모양의 꽃들로 어지러워. 이건 축제야. 덕분에 기운이 났어. 다시 걸을 수 있게 되었어. 그러나 자리를 뜨고 싶지 않았어. 박태기나무들은 하늘에서 끌려 내려와 지면 바로 위에서 떠도는 구름 같아. 러시아 올리브 관목들은 인동덩굴처럼 황홀해. 이제 곧 공기가 아주 무거워져서 냄새가 더 강해질 거야. 복숭아나무에서 꽃잎이 떨어지고 있어. 검은 호두는 작은 가지 끝에 매달린 먼지처럼 작은 잎사귀들이 이제 막 조그만 덩어리를 내밀기 시작했어. 스트로브잣나무 가지에는 2.5센티미터쯤 되는 흰 빛이 도는 녹색 양초가 송이를 이루고 있어. 새로 돋아난 줄기들이 하늘을 향

　　　　　　　　　　　　　　암의 나라에서 온 편지

해 곧게 솟은 새 잎사귀를 하늘로 쏘아댈 것만 같아. 덕분에 스트로브잣나무는 벌써 30센티미터나 자랐어. 여기로 이사 온 게 1991년이야. 그때부터 봄마다 50여 그루의 나무를 심었지.

그런데 이번 봄에는 심지 못했어.

꽃과 나무 들이 뿜어내는 향기의 합창에 라일락도 평상시와 같이 믿음직하고 단정한 향기를 더하고 있어.

야생 딸기들은 싱싱한 녹색 잎사귀를 움틔우며 비밀스레 다섯 장의 꽃잎을 펼치고 있어. 층층나무도 네 장의 꽃잎을 활짝 열었어. 예수님의 숨에서 바람이 나오면 들판이 절을 하고 내 폐에 신성한 공기를 가득 채워.

집에 도착하기 전에 마지막으로 지나는 밭이 하나 있어. 집사람과 나는 이 밭을 유치원이라고 부르지. 손주들을 위해 나무를 하나씩 심었거든. 지금은 모두 일곱 그루가 자라고 있어. 아이들이 집에 오면 나는 트랙터에 커다란 수레를 연결해서 각각의 나무 곁을 지날 때마다 아이들의 이름을 크게 외치며 돌아다녀.

"노아야, 이것 봐라! 네 나무야. 붉은 단풍나무야!" 유치원에서 가장 큰 나무지. 제일 처음 태어난, 제일 처음 심은 나무야.

"카산드라!" 그 아이의 버드나무는 다른 나무보다 잘 자라고 있어. 우아하고 긴 녹색 머리털을 갖고 있지.

"에마, 네 전나무야." 사슴이 괴롭히는 바람에 잘 자라지는 못했어. 이걸 어떻게 해석해야 좋을지 걱정했다네. 아니, 내가 왜 징조를 걱정한단 말인가? 결국 에마는 아무것에도 방해받지 않는 건강한 삶을 살 거야. 안 그런가?

나무들 속에서 사는 게 무척 기뻐. 가끔은 어떤 징조들 때문에 근심이 될 때도 있어. 하지만 내가 여기서 이 나무들을 더 이상 키울 수 없게 된 뒤에도 나무들은 잘 자랄 거야.

우리 가족이 대대로 이 땅을 소유할 게 확실하다면, 저 나무들의 뿌리에 내 재를 뿌려달라고 할 텐데…. 나무들이 먹고 자랄 달콤하고 걸쭉한 수분이 될 수 있도록 말이야. 노아 나무의 불타는 단풍에게는 시원한 음료가 되고, 목마른 카신드라 나무에게는 존경과 영예가 되고, 에마에게는 초콜릿이, 맥스웰에게는 영원한 과일 샐러드가, 안나에게는 얼굴 찌푸릴 일 없는 평화가, 단호한 테아에게는 현명한 자제력이, 테론에게는 지식이 되었으면 좋겠어. 이 유별난 할아버지가 갖고 있는 지식은 쉽기도 하고 불완전하기도 하지만 말이야.

손자손녀들을 위해 나무를 심은 건 다 이유가 있어. 내게 동기를 부여한 이야기를 들어보겠나?

노예제가 존재하던 시절에 미시시피 주 델타에서 나이 든 흑인 여인들이 비밀스러운 수풀에서 아이를 낳는 젊은 여인들을 돕곤 했다네. 딸이 산통을 하는 동안 나무 사이로 데려가 물통에 넣고 씻겼지. 터지듯 열리는 여인의 자궁을 어루만졌던 거야. 산모의 다리를 들어 올려 구부린 자세를 취하게 했어. 그렇게 조그만 숲에 있는 물통 속에서 여인은 아이를 낳았어. 그리고 어린 묘목의 뿌리에 태반을 묻었지. 피로 물든 붉은 물은 물통에 남겨두었다가 몇 주에 걸쳐 어린 나무에게 주었어. 그리고 그 나무에 태어난 아이의 이름을 붙였어.

용감한 여인들은 사랑하는 아이가 노예로 팔려 그들 곁을 떠날 수도 있다는 사실을 알고 있었어. 그래서 아이를 잃는 참혹한 일이 생기기 전까지 아이와 아이의 상징인 나무를 극진히 아끼고 사랑했지. 이후 영원히 흑인 할머니들, 대고모들, 현명한 여인들은 그들이 살아 있는 한 계속해서 아낌없이 젊은 여인이 남긴 살아 있는 생명에 애정을 주었어. 사랑은 가야 할 곳이 있어야 하고 해야 할 일이 있어야 하는 법이니 말이야. 동시에 그 아이들은 어디에 이르든지 자기가 여전히 사랑받고 있다는 사실에 위안을 받았지. 자기 이름을 딴 나무가 여전히 사랑받고 있다는 사실에 위안을 얻은 거야. 그들의 영혼이 담긴 나무들 말이야.

잔인하고 힘든 세상에서 얻기 힘든 위안이었어. 하지만 결국 위안이란 것은 약속과 같아. 반드시 지키는 약속. 예전에도 그랬고 지금도 그렇다네.

"하늘은 하나님의 영광을 선포하고…."
필경사처럼 하늘이 하나님의 영광을 기록했어. 인간이 읽을 수 있든 없든 상관없이 말이야.
"궁창이 그의 손으로 하신 일을 나타내는도다." 더 쉽게 말하면, 궁창을 만드신 창조주의 창조 행위를 가리키지.
우리가 그 이야기를 들을 수 있을까? 글쎄, "언어도 없고 말씀도 없으며 들리는 소리도 없으니" 그 이야기는 대부분 창조를 통해 드러난 하나님과 우리의 관계를 말하는 거지. 그럼에도 "그의 소리가 온 땅에 통하고 그의 말씀이 세상 끝까지" 이르지.
이제 독수리의 눈, 태양이 노랗게 가장자리를 두른 그의 시선으로 내 영혼을 소생시키는 주님의 율법이 완전한 것을 볼 수 있어.
"해는 그의 신방에서 나오는 신랑과 같고 그의 길을 달리기 기뻐하는 장사 같아서 하늘 이 끝에서 나와서 하늘 저 끝까지 운행함이여 그의 열기에서 피할 자가 없도다."
그래서 자연계는 그것을 받아들일 사람들에게 자비를 베풀지. 야생 사과나무, 노랑수선화, 튤립, 딸기.

불타는 단풍나무.

"나의 반석이시요 나의 구속자이신 여호와여 내 입의 말과 마음의 묵상이 주님 앞에 열납되기를 원하나이다."

자네들 모두와 내 아내 스안과 그녀의 느림보 월트에게 하나님의 은총이 함께하길 바라네.

월트

#8

5월 7일

친 구 들 ,

통증이 내 안에 있네.

이 모험이 시작되었을 때부터 이런 일이 있을 거라고 예견했지. 사실, 암 여행을 모험이라고 칭한 것은 암으로 말미암아 겪게 될 많은 경험이 내게 새로운 경험이었고 또 새로운 경험이 될 거라는 걸 알았기 때문이야. 그 어떤 것과도 비교가 안 될 정도야. 매번 새로운 느낌이 기준이 되고, 그것을 기준으로 내 여생을 이해하거나 추측해.

그리고 이런 통증과 함께….

　　　　　　　　　　암의 나라에서 온 편지

예기치 못한 순간 통증이 갑작스레 찾아오면 나는 이를 악물고 "오 하나님" 하고 외치겠지. 다른 이들이 그러는 것처럼 말이야.

이 외침이 기도일까? 생각할 겨를도 없이 내 안에서 어떤 목소리가 새어나와 이 외침을 찬송으로 바꾸고 있어. 오 하나님! 내 아버지시여….

오 하나님, 내 아버지시여, 나를 강하게 하소서.
삶의 과업이 어렵고 고단해 보일 때
이 승리의 노래와 더불어 그 과업을 맞게 하소서.
당신의 뜻이 이루어지이다.

꽉 다문 입을 열어 이 노래를 크게 부르고 있어. 바로 그때 의미 없고 불경스러운 외침이 바르게 바뀌는 것을 실감한다네.

통증이 내 안에 있어.

전에 겪은 경험을 차례로 들려줄게.

지난주 수요일 새벽 2시쯤이었어. 추워서 몸을 떨면서 깨어났어. 땀으로 범벅이 되어 있었지. 내 몸은 통증으로 딱딱하게 굳은 자루 같았어. 커다란 다리 뼈, 작은 손가락 관절들. 목 안의 조직들, 굳어진 근육들. 날뛰는 말에 짓밟힌 것처럼 모든 것이 엉망진창이 되어 있었어. 계속 누워 있었지. 너무 아파서 움직이기가 겁이 났어. 통증을 무시하고 다시 잠들 수 있을 거라고 마음을 다독이며 이어폰을 끼고 장편소설이 녹음된 CD를 몇 개 들었어. 그러나 3시 30분쯤 되자 다시 잠들 수 없다는 것이 확실해졌지. 결국 몸을 웅크리고 땀을 흘리면서 5시까지 그 상태로 누워 있었어. 그리고 오디오 소설도 끝이 났지. 결국 뜨거운 물에 몸을 담그려고 일어났어. 그랬더니 겨우 몸이 조금 따뜻해지더군.

수요일 아침이 되었어. 7시에 대학 부목사 모임에서 사회를 보고 설교를 했어. 집사람이 태워다주었어. 집사람은 사람들과 인사하면서 껴안지 말라고 충고하더군. 악수도 하지 말래. 자칫 그들이 갖고 있는 병균에 전염될 가능성이 있으니까. 만일 그렇게 되면 다시 침대에 누워 지내야 할 테니까. 예배가 끝나자 집사람이 다시 나를 태우러 왔어.

컴퓨터 앞에 앉아서 늘 하던 대로 글을 쓰려고 몸을 구부렸어. 그런데 시간이 흐를수록 저 깊은 곳에 있던 통증이 되돌아왔어. 때로 숨을 쉴 수 없을 정도로 내 몸을 심하게 쳐댔지. 그런 상태로 지금까지 닷새나 통증이 이어지고 있어. 통증은 발바닥에서 점프해 발목으로 올라와. 발바닥이든 발목이든 통증이 오면 절룩일 수밖에 없어. 날카로운 것 하고는 좀 달

    암의 나라에서 온 편지

라. 타는 듯한 통증도 아니야. 발작도 아니고 찌르는 것도, 물어뜯는 것도, 잘라내는 것과도 달라. 살이 썩는 느낌도 아니고 메스껍지도 않아.

통증이 발목뼈를 세게 후려치고 있어! 참을 수 없는 통증이 사라지지 않아 조직들이 멍이 들었어. 아무리 문질러도 통증이 사라지지 않아. 그러기는커녕 더 심해진다네. 밭을 가는 말들이 흉골에서 춤을 추면서 등뼈까지 뛰어올라가는 것 같아. 번개가 넓적다리를 내려와 무릎뼈를 세게 치는 느낌이야. 가죽 채찍으로 맞은 말이 속력을 내는 것처럼 통증이 등을 가로질러가는 것 같기도 해. 통증이 이렇게 맹공격을 하는 바람에 머리에서 윙윙 소리가 날 정도야. 통증은 벌레처럼 꿈틀거리면서 등 아래로 기어 내려가 엉치뼈 속으로 파고들지. 그러면 엉치뼈를 마구 때리고 싶어져! 마구 치고 두들겨 패고 때려서 몰아낼 수 있다면 그나마 좋을 텐데.

머릿속도 아파. 눈 뒤도 아프고. 가슴 속도 아파. 아침부터 밤까지 항상 가슴 한가운데가 아파.

다행히 바이코딘이라는 진통제가 통증을 덜어준다네. 정말로 감사한 건 이 병에 잘 듣는 치료법과 약이 나온 뒤에 내 모험이 시작되었다는 거야.

우리는 통증의 원인을 추정해서 통증을 가라앉히려고 애쓰고 있어. 지난주 화요일 오후에 마지막 항암주사를 맞았어. 이번 항암제는 전보다 양이 많더군. 통증으로 내 몸을 흐물흐물하게 만든 것이 그 약물일지도 몰라. 예전처럼 자주 백혈구 수치를 올리는 주사를 맞고 있어. 골수에서 백혈구를 만들어내느라 뼈가 아파.

내가 줄곧 생각해왔던 일들이야. 통증이 내 안에 있어. 이 말엔 몇 가지 뜻이 있다네.

우선 모든 것이 다 내 안에 있다는 말이야. 나의 내부에 들어 있는 거야. 외부로 드러나는 징후는 없어. 걸을 때마다 다리를 절룩이는 것 말고는 이렇다 할 징후가 없어. 내가 편지에 쓰는 것처럼 통증을 호소하면 사람들은 내 말을 곧이곧대로 믿어줄 거야. 하지만 통증의 특징과 강도를 말로 제대로 전달할 수 있을지 자신이 없어. 내 뼈와 근육을 제멋대로 휘젓고 다니는 통증의 움직임을 제대로 표현할 자신이 없어. 그래서 위의 몇 문장으로 연습한 거야.

통증이 내 내부에 봉인되어 있어서 홀로 고통받는다는 생각을 하게 만들어. 알다시피 짐은 모두 홀로 지는 거잖아. 암 진단을 받은 초기에는 어떻게 대응해야 하는지 아는 사람이 거의 없었어. 그래서 나는 바이런의 시에 나오는 낭만파 영웅이 되었다고 생각했어.

> 나는 잡초로서
> 바위 위에서 날아와 대양의 거품 위를 항해하네.
> 큰 파도가 몰아가는 곳은 어디거나 폭풍의 숨결이 활개치니.

가난하고 고독하고 외로운 시인!

고통의 계곡에서 나 역시 삶에 지워진 가장 큰 한계를 견디고 있어.

우리는 모두 각자 홀로 죽어야 해.

아, 무어라 표현할 수 없는 이 비극. 혼자 고통을 감당해야 한다는 것. 누구도 함께하지 않는다는 것!

예전에도 달콤한 자기연민에 빠지곤 했지만, 이런 고통에 대한 반응은 아니었어. 그래서 지금 이런 나 자신에게 놀라고 있다네.

두 번째로 통증이 내 안에 있다는 것은 내가 진정 흥미로운 문제에 골몰해 있다는 걸 알았다는 뜻이야. 나는 본래 우울해지기 쉬운 기질이야. 그런데 본질적으로 혼자 견뎌야 하는 이 고통이 왜 나를 더더욱 은둔자처럼 침울하게 만들지 않는 걸까. 왜 이 고통으로 말미암아 내 영혼이 위로를 받는 걸까? 왜 나를 침울하게 만들기는커녕 자신을 냉정하게 살피게 하고, 내 육체에 깃든 아픔의 세계와 내 의식을 냉정히 분리하게 하는 걸까? 대체 무엇이 그렇게 만드는 걸까?

신음하면 한결 나아져. 자네들에게도 신음을 해보라고 권하네. 진지하게 하는 말이야.

고통을 완전한 문장으로 바꾸고 언어의 원칙에 따라 큰소리로 표현하면 도움이 되거든. 고통이 생생하게 진행될 때나 누군가 듣고 있을 때는 특히 그래. 그 사람이 이해를 못해도 상관없어. 나는 운이 좋은 편이야. 집사람은 꽤 참을성이 있고 내가 신음해도 동정을 구걸한다고 생각하지 않거든.

나는 누군가가 무엇을 말하면 그 말이 화자의 구조, 언어, 문법, 세계관과 일치한다고 믿어. 권위지. 태곳적부터 무언가의 이름을 안다는 것은 곧 그것을 지배한다는 의미였어.

이타주의는 내게 위안이 되지 않아. 내가 받는 고통이 다른 사람, 또는 나를 넘어서는 다른 무언가에 봉사한다는 생각에 위로를 받거나 힘을 얻지 않는다네. 고통은 희생이 아니야. 그리스도를 닮는 행동과는 전혀 상관이 없어. 나는 예수님을 닮길 바라며 이런저런 희생과 행동을 하며 살아왔어. 그렇다고 이것이 내가 고통을 받는 동안 고통으로부터 진정으로 자유로워지는 것을 설명해주지는 못해.

세 번째 의미는 이 여행 자체가 나를 덜 이기적이고 더 영원한 문제로 데려간다는 뜻이라네. 내 영혼을 들여다보고 더 깊은 묵상으로 들어가게 해주거든. 문제가 내가 겪는 고통이나 나 자신보다 크지만, 그래서 나를 더 큰 세계로 초대하기도 해.

죽음도 문제들 중 하나야. 하나의 문제일 뿐이지 실재가 아니야. 이 문제를 거론할 필요가 있을까 싶지만, 죽음은 살아 있는 존재가 아니야. 죽음을 사악한 것으로 받아들일 수도 있어. 하나님은 누군가가 죽기를 바라지 않으시기 때문이야. 악은 실재일 수 있고 유혹도 실재일 수 있어. 그러나 죽음은 적이 아니야. 예수님도 말씀하셨잖은가. "누구든지 제 목숨을 구원하고자 하면 잃을 것이요. 누구든지 나를 위하여 제 목숨을 잃으면 구원하리라." 비록 영적인 죽음이기는 하지만, 어쨌거나 이 말은 죽음으로 초대하는 말이야. 이 죽음은 적이 아니지. 다시 말하건대 죽음은 실재가 아니야. 삶과 대조되는 개념일 뿐이야. 죽음은 삶의 끝을 표시해. 이 끝에서 저 끝으로 삶을 둘러싸고 있지. 죽음은 삶을 정의해. 삶의 전체 모습을 선명하게 새기지. 죽음을 더 이상 부정할 수 없고 똑바로 직시해야 할 때, 암이 전이되었을 때나 진실로 하나님 앞에 서야 할 때, 그때도 근본적으로 직면해야 할 것은 삶이야! 죽음으로 둘러싸인 이 삶 말이야! 내겐 그것으로 충분해.

아직 끝난 게 아니야.

네 번째는 나 자신을 발견하는 거야. '세상의 언저리를 걷는 이처럼' 투명한 삶의 끝자리, 빛과 어둠이 등을 맞대고 있는 곳, 끝이 없는 영원을 응시할 수 있는 그곳에서 나는 매일 찾아오는 통증에서 조금 벗어난 나를 발견한다네. 통증은 지금 내가 하는 이야기에서 아주 작은 부분일 뿐이야. 이해하겠나? 나를 가득 채운 크나큰 문제들, 내 이야기에서 공통의 문제가 되어가는 크나큰 문제들이 내가 겪는 통증처럼 나만의 아주 뚜렷한 문제를 작아지게 만들어. 내 몸 안에 있는 그 무엇이 삶을 더 돋보이게 만드는 죽음과 경쟁할 수 있을까? 그래, 크나큰 문제들이 도리어 내게 통증에서 벗어날 수 있는 힘을 준다네.

하나 더 있네. 다섯 번째 의미야.

죽음에 의해 규정되지 않는 삶을 진정으로 숙고해야 하네. 삶 외에는 다른 그 무엇으로도 정의되지 않는 삶만이 우리의 모든 가치관과 관계를 바꾸는 법이야. (통증이 너무 심해서 눈앞에 자줏빛 고리가 어른대. 통증에 신경을 덜 쓰려고 애를 쓰고 있어.) 그 삶은 자아와 시간과 목적을 단순하게 만들지.

나는 거의 일평생 그리스도인으로 살아왔어. 기독교 신앙은 그리스도와 함께하는 다양한 공동체에 참여하게 해주었지. 그런데 내가 지금 하는 이 경험은 보편적인 삶을 정의하고, 나아가 내 인생을 정의하는 삶을 내게 소개하고 있어. 내 마음만이 아니라 내 모든 존재에 말이야. 나의 현재를 정의하고 이후의 내 모든 존재를 정의하는 거야.

태초의 빛으로 둘러싸인 빛 안의 빛, 그 안에 존재하는 이들 중 184센티미터짜리 먼지에 불과한 내 안에 담긴 육체의 통증에 압도당할 이가 있을까? 그럼에도 그리스도라는 개념이 나나 나의 삶을 영화롭게 하는 것은 아니야. 오직 우리 삶으로 그분을 영화롭게 할 뿐이지. 나는 가장 작은 존재로 지음을 받았어. 내게 딱 맞는 크기야. 나는 그리스도의 영원한 생명을 특징짓는 그분의 영광과 놀라운 구속 행위와 그분의 의義라는 무거운 짐으로부터 자유롭네.

내 안에 통증이 있어.

82킬로그램의 불쌍한 진흙덩어리 안에 들어 온 가련한 통증, 영혼과 함께 남겨진 그 문제는 이제 떠났어.

시간이 늦었군. 이제 그만 써야겠네. 이 모험은 의미가 있고 계속되는 일이기는 하지만, 이제 몸으로 겪는 경험이라기보다는 머리로 생각하는 지적 여정으로 느껴져. 내가 온전히 끌어안기에는 너무 커. 지극히 개인적이고 산만하기 짝이 없는 묵상을 편지로 옮기면서 나의 길과 나의 친구들을 발견하고 있다네.

아기처럼 서툴고 더딘 생각의 과정을 거치느라 이야기가 길어졌어. 긴 편지를 참고 읽으며 그 과정에 함께해주어 고맙네.

월트

암의 나라에서 온 편지

#9

5월 23일

멋진 동료들과 함께 있다는 것은 얼마나 근사한가,
자네들에게 평화와 건강이 함께하길 바라네.

제수씨는 가슴을 절제하고 나서 가슴이 차가워진 걸 알고
깜짝 놀랐다고 하더군. 두 번의 수술로 가슴 양쪽을 잃고서야
비로소 가슴이 그동안 얼마나 따뜻한 단열재 역할을 했는지
알게 된 거야. 사람은 몸의 어떤 부위가 건재할 동안은 그 부
위가 이중 삼중으로 어떤 일을 하는지 거의 알지 못해.

지금 내가 그래. 외부로 드러나는 살은 대부분 고스란히 남
아 있지만 말이야. 마지막으로 맞은 항암제가 나를 지독하게

흔들고 있는 것 같아. 온 몸의 털이 다 빠져버렸어. 머리칼은 거의 다 사라졌고 입술 위 하얀 콧수염만 조금 남았어. 이 털이 남아 있다는 게 이상해. 눈썹과 속눈썹, 발가락 위에 난 뻣뻣한 털, 겨드랑이털, 코털, 늙은이 귓속에 무성하던 털까지 모두 없어졌거든. 갓 태어난 쥐처럼 반들반들하지. 방 안에 있는데도 상쾌한 봄 날씨에 깜짝 놀라. 여름 같은 산들바람이 불어와 머리카락이 홀랑 빠진 내 머리가 어떻게 생겼는지 알려준다네. 냉기가 두개골을 어루만지는 느낌이야. 피부를 제외하면 이제 내 몸에는 한 가지 색깔만 남았어. 눈동자의 파랑색. 모두 똑같아 보이는, 털이라곤 없는 어린아이 때로 돌아가는 중이야.

학교에서 함께 일하는 크리스토퍼 그룬트만 교수가 수도승들은 모두 동일하다는 걸 나타내려고 삭발을 한다는 이야기를 해줬어. 머리칼이 없으니 개성도 없어지는 거야. 그 사람다운 행동도 자만심도 없어지지. 예수님이라는 포도나무에 달린 가지처럼 나를 다른 가지와 구별하는 것이 아무것도 없어. 그런데 요즘은 머리칼이 모두 빠진 민머리가 나를 나답게 만들 수도 있을 거 같아. 그렇게 하고 다니면 사람들이 쉽게 알아보지 않겠나. 나이 먹은 대학 교수들에게서 흔히 볼 수 있는 스타일은 아니니까 말이야.

졸업하면서 내 학생들 몇몇이 머리를 깎았다네. 남학생뿐
아니라 여학생들까지. 내 아픔에 동참하려고 말이야.

이런 이야기를 하려고 펜을 든 건 아니었는데, 실은 지난번
편지에서 이야기한 통증 때문에 자네들이 걱정할까 봐 펜을
들었어. 통증이 사라진 것은 아니야. 그래도 지금은 하루치
통증에서 풀려났어. 물론 통증은 다시 찾아올 거야. 통증이
다시 시작되면 콧구멍이 한층 더 커져. 그렇지만 통증이 나를
물어뜯는 틈틈이 정원에서 일도 할 수 있다네. 토마토, 피망,
도토리 모양 호박, 브로콜리, 딸기 등을 가꾸고 있어. 딸기를
먹을 수나 있을까…. 암을 앓는 환자이지만 내일도 나는 상추
와 시금치, 무, 덩굴 콩, 비트, 호박, 애호박을 심을 생각이야.
정원에서 기르는 것만으로도 우리 부부가 봄부터 이듬해까지
먹을 수 있을 정도로 충분해.
예전에는 해마다 그렇게 심었어. 앞으로도 그럴 수 있을
지…. 그 이야기는 다음에 하도록 하지.

문제가 하나 생겼어. 통증이 앗아간 것들에 관한 이야기야.
우선 집중력이 급격히 떨어졌어. 그리고 몇 가지 불행한 결과
가 나타났어.

심각한 통증 때문에 맡고 있던 일을 내려놓았어. 뭘 해야 하는지 기억도 할 수 없는데, 어떻게 일을 하겠나. 통증으로 허리가 휜 사람이 일을 할 거라고 기대하는 사람도 없을 거야. 나는 본질적으로 일을 해야 하는 사람이야. 일을 해야 한다는 생각이 죄의식처럼 따라다녀서 아무 일도 하지 않으면 불안해. 어쩔 수가 없어. 언 땅을 깨고 일어난 봄처럼 일어나 걷고 글을 쓰고 없는 시간을 쪼개어 가치 있게 쓰려고 애썼어. 헌데 통증이 죄의식마저 이기고 말았어. 거대한 통증은 책망을 받을지 모른다는 두려움조차 제압해버리더군. 하지만 통증이 사라지자 위안도 사라졌고 죄의식이 다시 찾아왔어. 이해하겠나?

통증으로 말미암아 맡고 있던 일을 내려놓은 건 무시해도 좋을 정도로 작은 일이야. 잘못이 줄어들면 구원받아야 할 일도 줄어들 테니 말이야. 이 일은 오직 내게만 영향을 끼치지.

하지만 두 번째 결과에 대해서는 고백을 해야 해. 이 일은 다른 사람, 특히 내 곁에서 고통을 함께하는 사람에게 영향을 끼치기 때문이야.

나는 통증에 시달리는 환자야. 할 수 있는 거라고는 가만히 누워서 멍하니 TV를 보는 정도야. 깜빡이는 불빛과 소음이 내 세계를 채우고 있다네. 내가 감당할 수 있는 유일한 빛과 소리가 TV에서 나오지. 나는 꾸벅꾸벅 졸고 신음한다네. 커다란 문제를 제외하면 문제될 게 아무것도 없어. 입맛을 잃었는데, 어떻게 싱겁다고 불평할 수 있겠나? 세상의 모든 어조가 똑같아 보이는데, 어떻게 냉소적이라고 짜증을 낼 수 있겠나? 나의 삶이 거의 멈추었는데, 삶을 느릿느릿 산다고 누구를 비판할 수 있겠나?

그러니 커다란 문제를 제외하면 무엇이 남겠나? 자네들은 누군가 극도의 고통을 겪으면서 죽음과 대화를 나누면 그가 다시 삶으로 복귀할 때 그 전에 겪은 고통으로 말미암아 영혼이 정화된다고 믿고 싶어 하지? 불 속에서 쇠가 단련되듯이 말이야. 최소한 내 경우에는 단순히 인내의 결과로 의義를 얻지는 못했어. 계속해서 나 자신에게 돌아가면서 의를 좇아야 해. 예전의 내가 암이라는 바위 밑에서 기어 나오려면 그렇게 해야 해.

고백하건대 나는 더 까다롭고 툴툴대고 불평이 많고 품위 없고 감사할 줄 모르는 존재가 되고 있어. 모든 일을 지나치게 비판하고 있어. 귀중하고 뛰어나고 예술적인 노동에 몰두하는 사람이 아니라고 나를 모욕하는 사람은 아무도 없는데, 혼자서 오해하고 미묘한 차이에 예민하게 군다네.

인식은 훌륭한 첫 단계야. 고백은 두 번째 단계지. 그리고 용서는 세 번째로 온다네. 용서야말로 진정으로 한 사람을 변화시킬 수 있는 단계야. 그 사람의 핵심을 변화시키지. 용서는 고통을 견디는 것만큼이나 어려울 수 있어. 하지만 효과가 아주 크지. 그러나 있는 것을 당연하게 생각하고 중요하게 여기지 않았던 것의 소중함을 깨닫는 데는 종종 고통이 따른다네. 요즘 새삼 깨닫고 있는 내용이야. 확실히 극적인 드라마와 극한의 경험이 변화를 이끌어내는 기폭제 역할을 하긴 해. 다들 그렇게 말하잖아. TV 드라마와 영화만 봐도 알 수 있지. 교회 안에도 그런 종류의 간증이 넘쳐나. 뉴스 리포터가 의례적으로 묻는 질문에는 늘 이런 예상된 답이 나오지. "이제 절대로 예전과 같지 않을 거예요."

내가 할 수 있는 말은 나에 관한 이야기뿐이야. 처음 드라마를 시작한 문제가 드라마를 끌고 가기 마련이야. 드라마를 시작한 사람과 끝내는 사람은 동일한 법이지.

드라마는 아니지만 이 일이 내 안에서 진정한 변화가 생기도록 영향을 준 것만은 틀림없어. 어떤 방식으로든 나를 알게 하고 진실을 용감하게 대면하게 했지. ("너 자신을 알라"라는 말도 있지 않은가.) 또한 진리이신 그분을 대면하여 대단히 잘못된 나의 진실을 참회하게 할 거야. 죽은 자들 가운데서 살아나신 그분과 같이 변화됨으로써 말이야.

다정한 친구들, 이제 그 드라마는 너무나 개인적인 이야기
라 아침 뉴스 감으로는 부적절하다네.

월트

추신.

아이들이 어렸을 때 나는 이런저런 익살을 부려 아이들을
웃기곤 했어. 아이들이 아침을 먹을 때 부엌에서 내복만 입고
춤을 추기도 했지. 언젠가 천둥번개가 격렬하게 내리치던 날
에는 날씨에도 아랑곳없이 자두나무 아래서 자두를 주운 적
도 있어. 내가 그러는 동안 네 아이는 집사람의 말에 따라 지
하실에 몸을 숨겨야 했어. 아이들은 집사람보다 내가 운전하
는 차에 타는 것을 더 좋아했지. "아빠가 운전하면 정말 신나
요!" 나는 운전도 저돌적인데다 무섭고 재미있는 이야기까지
덤으로 해주었거든. 하하하!

유치하기 짝이 없지만 그래도 상관없어. 아이들은 나를 사
랑하거든.

아이들이 내 버릇을 기억하고 얘기할 때마다 내 안에는 감
사가 넘쳐. 내가 선량해서가 아니라 내 안에 거하시는 그분의
선하심 때문이야.

아이들 말로는 내가 아이들을 꾸짖고 나서 화난 눈으로 뚫

어지게 쳐다보며 바보 같다고 소리를 지르곤 했대. 조금 더 심각한 잘못을 저질렀을 때는 엉덩이를 때렸지. 그런 날에는 아이들이 자는 방에 들어가곤 했어. 불을 켜지 않고 그날 벌을 받은 녀석이 아직 깨어 있는지 물었지. "네, 아빠" 하고 대답하면, 그날 내가 한 행동을 사과하곤 했어.

자주 그렇게 했던 것 같아. 그 시절의 나는 행여나 딸아이의 사랑을 잃을까 두려워 머뭇거리는 볼품없는 존재였거든. 아이들에게 왜 그렇게 소리소리 질렀을까? 왜 그렇게 늘 자제력을 잃었던 걸까?

딸아이 메리는 내가 하도 자주 그래서 익숙해졌다고 하더군. 늘 혼내고 나서 나중에 사과하니까 그러려니 했다고 해. 심지어 벌을 받고 있는 중에도 아빠가 사과할지 모른다고 생각했다더군. 그래서 벌을 받는다고 해서 식구들 사이가 틀어진 적은 한 번도 없었어. 그런 걱정은 하지도 않았대.

메리에게는 아이가 셋 있는데, 왜 엄마가 매일 밤 침대 맡에 앉아 사랑한다고 말하는지 궁금해한대.

"아버지에게 배운 거예요."

그렇게 나는 줄곧 다른 사람에게 상처 입힌 죄를 고백해 왔어.

그리고 여기 내가 용서받았다는 신성한 증거가 있지. 내가

상처 입힌 사람들을 하나님이 치료하셨거든. 그들의 상처는
아물었어. 흔적 하나 남지 않고 말이야. 치유하시는 예수님의
기적이라고 생각해. 친구와 동료와 어린아이들이 보여주는
변함없이 다정한 사랑을 통해 그분의 은총과 그분의 얼굴이
빛나고 있어.

W. W.

#10

6월 15일

친 구 와   형 제 자 매 ,   친 척 들 ,

목요일 아침이야. 나는 집필실에 있고 집사람은 다른 방에 있는 자기 책상에 앉아 있어. 각자 따로 떨어져 일을 하고는 있지만, 둘 다 아침에 오기로 한 전화를 기다리고 있어. 병원에 갈 때마다 집사람과 함께 가니까 새로운 소식이 있으면 같이 듣게 될 거야.

이틀 전 종양내과 의사가 전화를 해주기로 했어. 그게 오늘이야. 진료실에서 직접 상담을 할 거야. 원래는 상담하기 전에 한 주 전에 찍은 CT 결과를 이야기해주지. 그런데 의사가

　　　　　　　　　　　　암의 나라에서 온 편지

길고 길었던 방사선 치료가 효과가 있는지 여부를 그날은 정확히 알 수 없다고 하더군. 그래서 집사람과 나는 조금 불안해하면서 전화를 기다리고 있는 거야.

요 몇 주간 호흡은 점점 더 가빠와. 매일 방사선을 쪼이기는 했지만, 그동안은 아무것도 약해지지 않았어. 헌데 지금은 서류가방과 돌을 등에 지고 계단을 스무 개나 뛰어올라온 사람 같아. 머리를 숙이고 몸을 구부린 채 무릎을 잡고 헉헉대면서 폐로 신선한 공기를 빨아들이지 않고는 한 계단도 오를 수가 없어. 내 호흡에는 바닥이 없어. 이상하게 천장만 있어. 깊이 숨을 들이쉴 때 폐의 윗부분이 열려서 공기를 빨아들여야 하는데 그러지 못한다는 얘기야. 공기가 부드러운 천장에 닿으면 애가 타고 짜증이 나. 그래서 기침을 안 할 수가 없어. 매일 아침 수많은 톱니바퀴가 한쪽 방향으로만 돌면서 기침을 하는 것 같아. 공기를 폐에 가득 채워서 거슬리는 것을 내보내려고 애써. 하지만 씩씩거리며 짜증을 유발하는 게 무언지 생각해봐. 폐 안에 있는 무언가가 아니라 폐 자체가 거슬리니 어떻겠는가.

기침할 때마다 내 가슴 한가운데가 걷어차이는 느낌이야.

요즘 나는 오래되고 익숙한 일을 하고 있어. 아니, 사실은 그 반대야. 오래되고 익숙한 일이 나를 부리고 있다고 해야 맞아. 마치 내가 그 전에 이 일을 한 번도 해본 적이 없는 것처럼 말이야. 세 시간 전에 잔디 깎기 기계를 트랙터에 달았어. 매년 여름이면 네댓 번씩 하는 일이야. 기계를 달면 트랙터가 자주 시동이 꺼지곤 하는데 풀을 벨 때도 어김없어. 풀을 베는 일은 손으로 하는 일이라 머리는 거의 쓸 필요가 없어. 하지만 폐는 필요하지. 오늘 아침 풀을 베면서 숨을 쉬기 위해 여러 번 멈추어야 했어. 조금 하다 멈춰서 한숨 돌리고 또 조금 하다 멈춰서 숨을 몰아쉬면서 했지. 십오 분이면 충분한 일이 장작 한 시간 넘게 걸리는 힘든 노동이 되었어. 머리칼이 있었다면 땀으로 흠뻑 젖었을 텐데 그 걱정은 없었지. 그런데 눈썹까지 없으니 땀이 눈으로 들어와 눈이 따갑더군. 민머리라 땀이 마구 흘러내리는 바람에 얼굴과 턱, 목, 목구멍까지 흠뻑 젖고 말았어. 털이 없는 겨드랑이에서 역한 냄새가 나더군.

화요일에 우리가 의사에게 물었던 중요한 질문 중 하나는 이거였어. "마지막 방사선 치료를 받은 내 폐에서 무슨 일이 일어나고 있는 건가요? 툭하면 숨이 차고 제대로 숨을 쉬기가 무척 힘이 듭니다."

대답을 못하더군.

지난 3월에 마지막 치료를 받고 나서 의사는 시간 이야기를

했어. 방사선이 좋은 효과를 내려면 몇 주 혹은 몇 달이 걸린
다고 했었지. "아시다시피 방사선이 효과를 내려면 시간이 필
요합니다." 그래서 우리는 약 두 달 반 동안 죽을 운명인 내 몸
안을 들여다보지 않았던 거야. 그래서 "치료가 효과가 있는지
는 그때가 되어야 말씀드릴 수 있습니다."

그때가 바로 이틀 전 6월 13일, 지난 화요일이었어.

지난 3월, 참고 기다리라는 충고를 들으면서 나는 한숨을
쉬었어. "아무것도 모른 채 그렇게 오래 기다리긴 힘들어요."

왜 그렇게 오래 기다려야 하는지 다시 묻는 거라 생각한 모
양이야. 의사가 의학적 이유를 대며 처음부터 모조리 다시 설
명하더군.

말을 잘랐지. "압니다. 알아요. 내 말은 결과를 모른 채 그
렇게 오래 기다리는 게 힘이 든다는 얘깁니다."

그가 다시 똑같은 설명을 늘어놓기 시작하더군. 넌더리가
났어. 뭐지? 의사소통이 안 되고 있는 건가? 내가 바본가?

짜증을 냈네. "그게 아닙니다! 나도 '시간' 얘기를 하고 있
는 겁니다. 제 의견을 말하는 것뿐이에요. 그게 전붑니다."

의사의 눈을 들여다보았지. 잠시 말없이 그의 눈을 응시했
어. "의사 선생님, 그냥 그렇다는 거예요. 내가 지금 이러이러

하다고 말하고 싶은 것뿐입니다. 내가 말하고 싶은 건, 의사 선생님이 들어주었으면 하는 건, 알지 못하고 기다리는 게 힘들다는 겁니다."

썩 괜찮은 그 의사가 말을 멈췄어. 내 시선을 피하지도 않더군. 마침내 그가 말했어. "미안합니다."

나는 고개를 끄덕였지. 그것으로 충분했어.

의사는 약속했던 지난 화요일이 되어서도 아직 알려줄 소식이 없다고 솔직히 말하더군. 그래서 무엇 때문에 숨쉬기가 어려운지 말해줄 수 없었던 거야.

그날 진료는 이렇게 진행되었어. 의사는 검사실로 들어와 우리 부부와 악수를 하고 자리에 앉아서 내 차트를 열었어. 차트를 읽더니 숨을 크게 내쉬더군. 코털이 들락날락할 정도로. 그러고는 차트를 계속 넘겼어. 그런 다음 우리를 보고 말을 하더군. 의사가 들고 있는 건 다른 사람이 촬영한 것을 분석하고 써놓은 보고서였어. 실제 사진은 아니었어. 종양은 어떻게 되었을까 궁금하더군. 불안하니까 질문이 뒤죽박죽 엉켰어. 하여간 설명을 들으니 내 위쪽 가슴에 있는 종양이 사라지지 않았다는 것을 알겠더군.

집사람이 암 크기가 많이 줄었는지 물었어. 의사는 직접 사

                                        암의 나라에서 온 편지

진을 봐야 한다고 말하더군.

"언제 볼 건가요?"

그는 수요일, 어제 볼 수 있을 거라고 했어. 그리고 화학요법을 담당하는 의사와 우리 가족 주치의와 상의를 하면 좋겠다고 했어. 그런 다음 목요일 아침에 우리에게 전화하겠다고 했던 거야.

그런데 호흡이 가빠진 건 암 때문이 아니라 다른 이유 때문일 거라고 하더군. 폐 안이 일시적으로 팽팽해져서 그럴 거라고, 그런 경우에는 시간이 지나면 괜찮아질 거라고 했어.

이렇게 지금 우리는 꽤 많은 소식을 기다리고 있어.

의사가 정보를 더듬더듬 알려주는 것은 아마 다음 이유에서일거야. 상당히 줄어들기는 했지만 종양이 남아 있는 거지.

지금 생각해보니 원래 이틀 전에 의사가 알려주려고 했던 것보다 문제가 더 심각한 모양이야. 그렇지만 의사도 직접 CT 사진을 보고 사진에 나타난 그림자를 가리키며 이야기를 꺼낼 수 있을 때까지는 말을 할 수 없었던 거지. "저기, 보이시죠? 이건 저도 어쩔 수 없는 겁니다." 종양과 주변 조직에 최대한도의 방사선을 쐬었어. 그 이상은 조직이 견딜 수 없다네. 그래서 같은 방법을 다시 사용할 수 없다고 하더군. 어떤 방법을 쓸 수 있을까? 글쎄, 막연해. 이런 이유로 먼저 다른 의사들과 상담하려는 거야.

물론 모두 추측일 뿐이야. 하지만 우리가 하는 일이 다 그렇지 않은가? 나는 여전히 시간에 관해 이야기하고 있어. 시간이 너무 길어. 누군가의 생명이 걸린 중요한 일이 불확실한 상태에 있을 때, 알고 싶은 욕구가 강한데 알지 못한 채 시간이 흘러갈 때는 더더욱 시간이 길게 느껴지지. 그럴 때 우리는 낙관적인 혹은 비관적인 각자의 성격에 따라 아주 작은 증거를 기초로 추측을 하지. 쓸모없는 짓이라도 어쩔 수 없어.

그래, 좋아.

드디어 전화가 왔어.

집사람과 동시에 수화기를 집었어. 우리는 각자 다른 방에서 수화기를 들고 귀를 기울였지. 통화는 길지 않았어.

의사가 아니라 그의 비서가 걸었더군. 일이 생겨서 의사가 오늘 진료실에 없다고 했어. 그래서 오늘 우리에게 전화를 할 수 없다는 거야. 내일… 전화할 거래. 내일. 딸깍.

앞으로 몇 달간 내 스케줄이 어떻게 될지 알아야 하는데!

무슨 글을 쓸까? 아직 기운이 남아 있는 동안 집필 계획을 어떻게 짤지 생각 중이야. 한동안 계속 글을 쓸 수 있을 정도로 힘이 남아 있을까? 그러면 몇 권이나 쓸 수 있을까?

해야 할 일과 하고 싶은 일 사이에서 선택을 해야 해. 그 둘은 차이가 있지. 죽기 전에 써야 할 게 몇 가지 있거든. 지난 겨울과 봄 내내 슬픔에 잠겨 "아겔다마*Akeldama*"라는 제목으로 긴 글을 썼다네.

시간이 별로 없다면 그 글을 손보는 작업에 들어가야 할 거야. 하지만 시간이 조금 더 있다면, 편하게 시간을 보낼 수 있는 책을 쓸 수도 있을 거야. 청소년 소설이라네. 재미있는 내용이야. 내게 시간을 주시길 바라네. 조금 더 재미있게 보낼 기회를 주시길.

그리고 지식을 주시길 바라. 옳은 결정을 할 기회를 주시길. 지혜는 곧 자신을 위하여 옳은 결정을 할 능력이기도 하니까.

드디어 이 특별한 편지에 어울리는 귀중한 주제가 등장했군. 이 편지는 친구들에게만 보내는 편지가 아니라네. 암이라는 모험에 뛰어든 환자에게 더 많은 것을 알려주고 싶어 하는 의사들에게도 보내는 것일세. 자네가 의사라면 어느 쪽을 선택하겠나? 자네가 알고 있는 지식을 내게도 알려 줄 텐가? 자유와 지혜와 선택만큼이나 중요한 것들을 내게 숨기려나?

의사들이여, 제발 내 말에 귀를 기울여주시오. 자네들이 현명한 처신이라 여기고 지키는 침묵이 나의 위엄을 해치고 나

의 지혜를 제한한다오. 내가 인간으로서 누릴 수 있는 자유와
지혜와 선택을 제한한다오. 자네들이 내게서 빼앗는 것은 절
대로 작은 것들이 아니라오. 그건 마치 꼭 필요한 장기를 자
네들 마음대로 잘라내는 것과 같다오.

　할 말은 다 한 것 같네.

월트

#11

부치지 않은 편지

집사람이 나를 위해 기도하고 있어. 나를 치유해달라고 하나님께 기도한다네. 나의 용감한 변호자 스안은 점잔빼면서 말하지 않아. 전능하신 그분께 옆걸음질로 쭈뼛거리며 다가가지 않고 정면으로 담대하게 나아가지. 그녀는 자신과 창조주의 근본적인 차이를 잘 알아. 그분은 스안을 만드셨고 눈깜빡임만으로 그녀를 소멸시킬 수 있는 힘을 가지고 계시지.

"예수님, 제발 월리를 고쳐주세요."

"오 주님, 이것이 당신의 뜻이라면"이라는 조건절조차 없어. 집사람은 나를 치유하는 것이 그분의 뜻이기를 바라. 그리고 그렇게 기도해.

그렇다고 사납게 달려들지는 않아. 요구하는 태도도 구슬리는 태도도 아니야. 화를 내지도 절망하지도 않아. 어린아이처럼 반짝반짝 빛나는 신뢰로 그분께 나아갈 뿐이야. 날 위해 그렇게 애원하는 집사람을 나무랄 수가 없어.

그렇다고 나도 집사람처럼 기도할 수는 없어. 나 자신을 위해 기도할 수가 없다네. 나는 나를 고쳐달라고 기도하지 않아.

오 스안,

우리가 성찬식에 참석해서 함께 앉아 있을 때 당신이 무얼 하는지 알아. 성도들이 강대상으로 줄지어 나오고 햇빛이 거룩한 회중석에 흘러넘칠 때 말이야. 당신의 수그린 머리, 감은 두 눈, 집중하느라 꼭 다문 입술이 무얼 의미하는지 알아.

내가 죽을 때 불러줬으면 하는 찬송가가 있어. 당신이 내 옆에서 기도하며 회중과 함께 부르던 그 노래야.

저기 하나님의 동산 안에

지혜의 나무가 서 있네.

그 잎사귀들은 나라들의 치유를

소리 높여 외치고 있으니

                                   암의 나라에서 온 편지

모든 지식의 나무

모든 긍휼의 나무,

모든 아름다움의 나무.

그 이름은 예수

우리의 구주이심을 말하는 이름

그 가지에는

고통의 흉터가 보이네.

인간의 이기심의 덩굴손이

그분의 보혈을 마시는 것이 보이네.

그리고 이 가사,

이것이 나의 종말이요.

이것이 나의 부활이니

주님, 당신의 손 안에

내 영혼을 맡기나이다.

이 일은 내가 찾던 것이요.

이제 비로소 이루었나이다.

이 땅은 거룩하니….

이 가사를 들을 때면 나도 모르게 눈물이 흘러. 목이 메어서 더는 노래를 할 수가 없어서 다른 사람들이 부르는 노랫소리를 가만히 듣고만 있지. 당신은 어깨가 닿을 정도로 내 옆에 바짝 붙어 앉아 있어. 당신의 속눈썹에 눈물이 맺히는 것이 보여. 난 생각하지. '스안, 지금 이 노래를 내 장례식에서 불러야 해.'

모든 천국이 노래하네.
그리스도께 감사하세.
그분의 수난이 자비로운
치유를, 힘을, 용서를 주니.
만민아, 열방아
받으라, 값없이 받으라.
아멘, 나의 주인이시여.

가사를 쓰고 마음으로 감미로운 가락을 되뇌는 지금도 다시 울고 싶어져. 17세기의 놀라운 은유, 그리스도께서 정원의 나무라니. "보아라! 나무가 살아 있다! 슬픔은 나무를 파괴하지 못했고 불도 나무를 없애지 못했다."
여기, 이 부분이 내 치유와 관련하여 가장 가까운 말이야.

 암의 나라에서 온 편지

결국 치유받을 거라는 선언 말이야. 그렇지만 소중한 내 아내여, 나는 당신의 쉼 없는 기도에 위안을 받는다오.

왜 나를 고쳐달라고 기도할 수 없을까? 글쎄, 그러는 게 좀 뻔뻔해 보여.

기도의 효과를 못 믿어서가 아니야. 다른 사람을 위해서는 주저함도 아무런 회의도 없이 당신과 똑같은 기도를 했으니까.

도심 지역에서 회중을 섬길 때 일이야. 주일 아침이면 나이 든 한 여인이 누구보다 일찍 교회에 오곤 했어. 그녀는 내가 교회에 혼자 있으리라는 걸 알고 있었어. 그녀는 밖에서 나를 찾았어. 마리 랜더. 키가 작고 천둥소리를 무서워했지. 갑자기 웃음을 터뜨리곤 했는데, 눈빛은 장난스러웠고 늘 소리를 지르곤 했어. 주기적으로 심한 두통을 앓았는데, 두통 때문에 눈이 멀 정도로 심했어.

"목사님. 오셔서 제게 안수해주세요."

나는 내 손에 무슨 힘이 있다고는 생각하지 않았어. 내게 신성한 변화가 일어난 것은 아니었어. 하지만 평범하기 짝이 없는 나는 친애하는 이 평범한 여인의 말대로 했어. 그녀를 경멸하며 내치지도 않았고 내 행동을 연극이라고 생각하지도 않았어. 그냥 그런 척한 것이 아니었어. 나는 우리가 주님의 방식에 따르고 있다고 믿었어.

그래서 겨울 아침 어스름에 마리 랜더 뒤에 가서 섰지. 그녀의 머리는 내 가슴께 정도 높이였어. 나는 그녀 머리에 손을 얹었어. 손가락에 그녀가 쓴 가발의 그물이 느껴졌어. 특별히 내 친구 마리에게 성령이 임하여 두통이 생긴 부분을 없애달라고 작은 소리로 기도했어.

그녀는 한 번도 기도가 헛된 적이 없었대. 나의 기도로 치유되었다고 했어.

심리적 효과를 이야기하려는 것이 아니야. 우리가 드린 아침 기도가 플라시보 효과를 냈다는 말장난을 하려는 게 아니야. 간단해. 우리는 기도했고 두통이 나았어.

하지만 나는 지금도 나를 고쳐달라고는 기도할 수 없어.

성도들 개개인과 교회에서 매일 내게 보내는 편지로 천 명이 넘는 사람이 나를 위해 기도하고 있다는 걸 알고 있어. 그들이 보여주는 믿음과 애정이 얼마나 감사한지 몰라. 솔직히 나는 교회와 성도들의 간구를 마리 여사가 내게 안겨주었던 과업만큼이나 가볍게 받아들이고 있어. 그럴 수도 있고 그렇지 않을 수도 있지. 내가 누구관대 결과를 요구하거나 성패를 좌우할 수 있겠어?

　　　　　　　　　　　

내게 믿음이 없다는 증거일까?

그렇게 달콤한 탄원의 바다에서 이렇듯 차분하고 어찌 보면 미지근한 나의 태도는 병마와 불가피한 것들에 대한 항복일까? 글쎄, 굳이 설명을 하자면 나는 죽음이 두렵지 않아. 지금 이 상태로 충분히 평안해. 바뀌어야 한다는 절박함이 없어. 하나님이 나를 위해 선택하신 일은 그것이 무엇이든 내게 좋은 일인데 특정한 결과를 위해 기도해야 할 필요가 있을까?

우리 아이들은 이제 모두 성인이야. 내가 가는 길을 냉철히 감시해야 한다고 생각했던 그 나이를 모두들 지났어. 아이들은 우리 부부에게 아름다운 손주들까지 안겨주었어.

내가 없으면 사람들은 슬퍼하겠지. 나보다는 집사람이 훨씬 더 힘들 거라는 걸 알아. 집사람의 기도에는 훌륭한 목적이 있어. 그녀는 내 생명을 연장해달라고 기도하지.

집사람도 잘 알겠지만, 나는 삶을 긍정적으로 바라보았던 적이 별로 없었어. 언제나 너무 많은 슬픔과 비애 속에서 살았지. 내게 주어진 업무가 항상 긴장을 불러 일으켜 목이 막혔어. 토가 나올 지경이었지. 내가 그런 일을 한다는 사실은 아무 의미도 없어. 다만 그런 일들을 하라고 부름을 받았다는 사실이 중요했어. 다른 길을 선택할 수 없었으니까. 설교하고 강의하고 목회자로서 모임을 인도하고 젊은이들에게 신앙 교육을 하고 대학에서 글쓰기를 가르치는 일 말고 다른 건 생각조차 할 수 없었어. 그래서 무엇을 잃었단 말인가?

느부갓네살 왕이 사드락, 메삭, 아벳느고를 맹렬히 타는 풀무불에 던져 넣기 직전에 그들이 고백했던 믿음을 생각해봐. 예수님이 오시기 전까지 그들만큼 강건한 믿음을 보여준 사람은 없었어.

느부갓네살은 불같이 화를 내면서 사드락, 메삭, 아벳느고를 데려오라고 명했지.

"이제라도 너희가 준비하였다가 나팔과 피리와 수금과 삼현금과 양금과 생황과 및 모든 악기 소리를 들을 때 내가 만든 신상 앞에 엎드려 절하면 좋거니와 너희가 만일 절하지 아니하면 즉시 너희를 맹렬히 타는 풀무불 가운데에 던져 넣을 것이니 능히 너희를 내 손에서 건져낼 신이 누구이겠느냐 하니"(단 3:15).

"사드락과 메삭과 아벳느고가 왕에게 대답하여 이르되 느부갓네살이여, 우리가 이 일에 대하여 왕에게 대답할 필요가 없나이다. 왕이여, 우리가 섬기는 하나님이 계시다면 우리를 맹렬히 타는 풀무불 가운데에서 능히 건져내시겠고 왕의 손에서도 건져내시리이다. 그렇게 하지 아니하실지라도 왕이여 우리가 왕의 신들을 섬기지도 아니하고 왕이 세우신 금 신상

   암의 나라에서 온 편지

에게 절하지도 아니할 줄을 아옵소서"(단 3:16-18).

하나님이 어떠한 표지도 주지 않으셔도 여전히 하나님께 복종하겠노라!

어떠한 경우에도 세 젊은이는 믿음을 꺾지 않을 터였어. 살든지 죽든지 그들에게는 매한가지였어.

나의 하나님이 내 생명을 위해 어떠한 특별 조치도 취하지 않으실지라도 나는 평안해.

사드락과 메삭과 아벳느고는 기도하지 않았어. 하나님을 굳게 붙들었을 뿐이야. 하나님은 자신이 기뻐하시는 대로 하실 터였어. 어느 쪽을 선택하시든, 어떤 행동을 취하시든 하나님은 하나님이셨지.

예수님도 마찬가지였어. 십자가에 매달려 죽어가면서, 아버지께 버림받은 것만 같아 고통스러워하면서도 그분은 죽기까지 복종하셨어.

내 영혼이 주님의 영원한 품에 안겨 쉬고 있는데 왜 내가 달라져야 할까?

스안, 이것으로 내 침묵에 대한 답이 되었어? 내 침묵이 두려움과 의심으로 말미암은 것이 아니라 믿음의 행위임을 받아들일 수 있겠어?

이것이 내가 하고 있는 일이라고 생각해.

나는 릴 여사가 남편 더글러스가 죽은 뒤 살았던 것처럼 살고 있어.

"목사님도 아시다시피, 남편은 운전을 전혀 못했어요." 우리가 그 훌륭한 남성을 묻고 몇 달이 지나 그녀가 내게 이렇게 말했어. 더글러스는 릴과 키가 비슷했지. 릴은 계속 손으로 배를 문지르고 있었어. 자궁을 어루만지면서 그녀는 말했지. "남편은 걸어 다녔어요. 항상 걷고 싶어 했죠. 말하기를 좋아했고요. 걷는 이유도 그것 때문이었죠. 만나는 사람 누구에게나 말을 걸곤 했어요. 부자건 가난뱅이건 가리지 않았죠. 그래서 무언가 급하게 필요할 때는 남편을 시키기가 싫었어요. 아무리 재촉을 해도 아랑곳하지 않았거든요. 더글러스는 항상 길을 걷다 멈춰 서서 사람들과 이야기할 틈을 찾곤 했어요, 목사님."

우리는 릴 여사네 거실에 앉아 있었어. 어스름해지고 있었지. 그녀의 얼굴이 희미해 보였어. 눈 밑에 부푼 눈꺼풀이 그녀의 시선을 위쪽으로 띄우는 듯했어. 하지만 그녀의 이야기는 기억을 불러내는 강한 힘이 있어서 마치 나도 더글러스를 본 것만 같았어.

릴 여사는 흔들거리면서 어둠을 타고 달렸어. 의자에서 삐

 암의 나라에서 온 편지

걱삐걱 소리가 났어.

"그래도 남편은 항상 집에 왔어요. 느지막이 걸어서 다시 집으로 왔죠. 무사히 집에 도착해서는 앉아 있는 내게 모자를 씌웠답니다. 남편이 그런다고 해서 언성을 높인 적은 한 번도 없었어요. 우리는 다툴 이유가 전혀 없었던 것 같아요. 그냥 잘 어울렸어요."

"어느 날 저녁 그가 말했어요."

"릴, 저녁 먹으려고 구운 파이 어디 있지?"

"부엌에 있어요."

"조금 먹었으면 하는데."

남편이 그러더군요. 릴 여사는 흔들의자를 멈췄어.

"그 파이가 뭐였더라? 음, 무슨 파이였는지 왜 생각이 안 나지?"

나야 알 도리가 없었지. 그래서 그냥 침묵을 지켰어.

"아시다시피 난 소파에 앉아 있었어요." 릴 여사가 말했어.

"바로 목사님이 앉아 있는 그 자리예요. 우리는 TV를 보고 있었죠. 남편이 부엌으로 가서 서랍을 여는 소리가 들렸어요. 아마 포크를 찾으려고 했던 것 같은데, 그때 나는 약간 졸고 있었어요."

"그러다 갑자기 깼어요. 무슨 소리를 들어서가 아니었어요.

어떻게 설명해야 좋을지 모르겠네. 이상한 정적, 내 몸 속에 정적이 느껴졌어요.”

“더글러스가 바닥에 누워 있더군요. 꼼짝도 하지 않았어요. 의자 팔걸이에 한입 베어 문 파이 조각이 포크에 꽂힌 채로 놓여 있더군요. 아마도 자리에서 일어나 내게 무언가를 말하러 올 생각이었나 봐요. 아무 소리도 들리지 않았어요. 쥐 죽은 듯이 조용했죠. 어떻게 설명해야 할까요. 더글러스는 의자와 소파 사이에 그냥 누워 있었어요.”

완전히 어두워졌어. 릴 여사는 다시 의자를 흔들었지. 삐걱 삐걱. 달빛 한 조각이 아까부터 그녀의 어깨를 비추다가 떨어져 내렸어. 끼익끼익. 그리고 뭔가 다른 소리. 간신히 귀에 들릴 정도로 옷감이 스치는 소리. 아, 그녀가 자궁을 문지르는 소리.

“남편은 항상 돌아왔어요. 더글러스는 돌아왔답니다. 항상 무사히. 그런데 이번에는 집에 돌아오질 않네요.”

“남편이 내 배에 돌 한 덩이를 남겨놓고 떠난 것처럼 아파요.”

“목사님, 통증이 없어지지 않아요. 항상 여기가 아파요.”

나는 손을 내 배에 슬며시 갖다 댔어. 그리고 그녀가 말하는 돌이 무언지 알아차렸어.

 암의 나라에서 온 편지

"의사는 늘 내 심장을 수술해야 한다고 말했어요. 내 심장이 약하다고요. 더글러스가 죽기 전에도 그랬답니다. 요즘에는 자꾸 피곤해져요. 전보다 누워서 쉬는 시간이 많아졌어요. 하지만 수술을 받고 싶지는 않아요."

삐걱거림이 멈추었어. 릴 여사의 어깨에 드리운 달빛.

그리고 "목사님?"

"네?"

"뭐가 잘못된 건가요?"

"아니요."

"난 이제 통증에 익숙해졌답니다. 괜찮아요. 괜찮아. 나는 통증을 친구라고 불러요. 통증이 더글러스를 생각나게 하거든요. 아시겠지만 오크 힐에 있는 남편의 무덤에는 묘비가 있어요. 하지만 그 묘비는 내 안에 있는 돌이기도 해요. 아이들은 오크 힐에 있는 돌 옆에서 울 수 있죠."

배를 문지르며 릴 여사가 말을 이었어. "이 돌은 내 돌이에요. 과부의 돌이죠."

끼익끼익. 릴 여사는 부드러운 기억을 타고 어둠 속으로 더 깊이 들어갔어.

"남편은 낚시를 하러 가곤 했어요. 친구들이랑 같이 갔죠. 대어를 잡아서 가져올 때도 더러 있었답니다. 블루길을 잡아올 때도 있었고요. 목사님?"

"네?"

"우시는구요."

"아, 릴 부인."

"나는 지금도 종종 운답니다. 혼자서. 새벽 2시에 침대에 누워서 말이에요."

옷감이 부드럽게 버석거리는 소리가 들렸어.

끼익끼익. 달빛이 바닥에 고여 연못을 만들었어.

"목사님, 하지만 남편은 항상 다시 돌아왔어요. 이런 생각을 해요. 늦을 테지만 아무 탈 없이 돌아올 거라고. 여기로. 슬픔의 돌, 기억의 돌이 있는 곳으로. 이젠 여기가 남편이 있는 곳이거든요. 여긴 안락하잖아요. 남편은 자기 모자를 나한테 씌울 거예요."

끼익끼익.

스안. 내가 하는 일이 이거라오. 릴처럼 나도 내 안에 종양을 가지고 있소. 종양이 있는 곳이 내게는 묵상의 장소라오. 내가 죽는다는 사실을 일깨우는 좋은 친구지.

사랑하오.

월리

#12

6월 17일

나의 친구들,

지난번 편지 바로 뒤에 이 편지를 쓰고 있네. 어수선하더라도 이해해주게. 편하게 읽으면 돼. 차례대로 읽어도 되고. 언제 어떻게든 자네들이 편한 시간에 자네들 편한 대로 읽어주면 좋겠어.

6월 17일, 토요일 아침이야. 지난번 편지는 이틀 전 목요일 아침에 썼어. 갑자기 그 주제에 온통 마음이 쏠려서 손가락이 키보드 위에서 물결치고 있네. 책을 쓰는 기분이야. 각각의 편지가 한 권의 책을 구성해가는 것 같아. 아주 느슨한 책이지. 이 두 편의 특별한 편지만 빼면 말이야. 두 편지는 가능한 한 긴밀히 연결되도록 쓸 생각이야. 이 이메일을 자네들에게 보내게 도와줄 캐시 서덜랜드가 월요일이나 되어야 컴퓨터를 들고 오겠지만.

지난 목요일 편지에는 환자들과 그들에 관한 정보를 알고 있는 의사들에게 몇 가지 충고를 했었지. 그 충고는 담당의사와 나 사이에 있었던 경험을 바탕으로 한 거였어. 드디어 의사가 전화를 걸어 우리가 그렇게 간절히 기다리던 소식을 알려주었어. 그러니 이제 감사, 신뢰, 친절과 같은 주제를 얘기할 생각이야. 이런 주제들은 기다려주지 않아. 기다리다가는 힘을 잃고 소멸해버릴 거야. 한 번 시들고 나면 관계라는 땅에 새로운 씨앗을 뿌릴 수 없다네.

썩 괜찮은 사람. 지난번 편지에 담당의사를 이렇게 불렀어. 그리고 그는 내 판단이 옳다는 걸 증명했지. 그에게 감사하는 마음을 말로 다할 수 없다네.

목요일. 비판에 싸인 편지를 썼던 바로 그날이었어. 집사람과 내가 저녁을 먹고 나서 전화가 왔어. 저녁 7시가 넘었을 거야. 의사였어. 비서를 시키지 않고 직접 걸었더군. CT 사진을 보고 방사선과 담당자와 직접 이야기를 했다더군. 그 담당자

          암의 나라에서 온 편지

가 쓴 보고서는 진작 읽은 상태로 말이야. 그런 다음 우리 가족의 주치의와 만나서 임상 기록을 비교해보았다더군. 그는 사진에서 발견한 사실을 우리 부부에게 설명하고 싶어 했어. 우리를 더 이상 기다리게 할 수 없었던 거야. 새로운 약물을 처방하고 싶다더군. 프레드니손이라는 부신피질 호르몬제야.

그 약이 숨 쉬는 걸 편하게 해줄 거라고 했어. 의사가 베푼 친절에 기운이 났다네.

의술을 행하는 의사 자체가 약인 셈이지. 환자에게 안정감을 주고 버틸 수 있게 해주니까 말이야. 외과의사가 지닌 의술, 지성, 탁월한 과학적 통찰력 때문에라도 우리는 그를 충분히 신뢰할 수 있지. 의사는 사람의 몸만을 생각할지 몰라. 아마도 몸이 한 인간의 전부라고 생각하겠지. 글쎄, 내 생각은 좀 달라. 중병은 우리의 신체 시스템에만 침범하는 게 아니야. 몸이 영혼을 둘러싼 기후라면 중병은 기상 전체를 어지럽히지. 병은 신체 외에도 나의 인격, 개성, 믿음, 도덕, 가치관까지 영혼의 수많은 선물을 함께 어지럽히고 시험해. 나는 병자야. 맛없는 음식을 먹어야 해. 무뚝뚝해졌어. 집중력도 잃었어. 예전과 같은 경각심 없이 운전을 하고 사고를 내고 가까운 사람들을 괴롭히지. 내가 폐암이라는 걸 알게 되면 사람들은 이런 질문을 한다네. "담배 피우세요?" 조금 완곡하게 묻기도 하지. "예전에 담배 피우셨어요?" 무슨 의미로 그런 질문을 하는지 알기에 짜증이 나. 검고 무거운 씁쓸함이 내 안에 모여서 누군가를 찔러대. 내 영혼 안에서 나를 찔러대기도 해. (그 사람들의 질문이 맞아서 그런 거야. 한때 담배를 피웠거든. 그래도 1982년에 끊었어. 거의 15년 전이잖아? 끊었어! 옳은 일을 했던 거야!) 혹은 성마른 반응으로 나를 심문하는 그를 괴롭히기도 하지. (요즘에는 모든 사람이 뜻을 모아 비난하고 거부하는 일이 바로 흡연이거든. "이 멍청한 사람아, 흡연이 당신을 죽일 거야!") 때로는 상대방이 아주 친절한 의도로 접근하는데도 그에게 적대감을 갖기도 해. 사람들은 외치지. "월트! 정말 좋아 보여요!" 기분이 썩 괜찮을 때는 축복받은 이 사람들을 나무라지 않아. 사람들은 암에 걸렸다고 하면 비쩍 마를 거라고들 생각해. 당연히 나도 비쩍 말랐을 거라고 생각했던 거야. 그렇지 않은 나를 보고 "월트, 정말 좋아 보여요!"라고 말하지. 나를 격려하고 싶어 하는 거야. 그냥 그래 보인다는 이야기를 하는 게 아니고. 하지만 사람들이 좋아 보인다고 말해도 나는 지금 참고 견디고 있거든. 내가 앓는 병은 눈에 보이지 않아. 몸속에 있는 종양, 폭풍 같이 몰아쳐서 숨도 못 쉬게 만드는 통증. 그래서 내 귀에는 사람들이 하는 말이 무지한 소리로만 들린다네. 그러면 나는 가시 돋친 분노를 거짓 미소 뒤에 감추고 어정쩡

     암의 나라에서 온 편지

하게 대꾸해. 그리고는 속으로 다정한 그 사람들을 비난하지. "네, 그래요. 좋아 보이죠?" 마음 한편에서는 증오에 찬 비난이 비어져 나와. '내 몰골이 보기 안 좋길 바라는 거야? 얼굴이 너무 좋아서 실망이라도 한 건가? 왜 내가 더 아팠으면 좋겠어?' 아니, 아니야. 비통한 마음은 하나도 괜찮지 않아. 암이 내게 다른 이들에게는 없는 자유를 주는 일 따위는 일어나지 않아. 절대로! 성마른 생각이 뜨뜻한 독약이 되어 혈관을 타고 출렁인다네.

알겠나? 이렇듯 내 몸은 영적인 모든 부분에 고루 영향을 미치는 기후야.

그러므로 신체의 질병을 치유하려면 과학적 처치, 프레드니손, 화학약품, 방사선 치료를 뛰어넘는 무언가가 필요해. 의사를 얼마나 신뢰하느냐는 그가 내 몸을 어떻게 다루느냐와만 관련이 있는 게 아니야. 경험 지식이 내 신체 기후를 바꿀 수도 있겠지. 다시 '정상'으로 돌아갈 수도 있을지 몰라. 그러나 내 영혼이 받은 영향은 그런 과학 약품으로 바뀌지 않아. 어떻게 치유가 가능할까? 조금 좋아지긴 했지. 하지만 무얼 해야 병들어가는 내 몸으로부터 나를 지킬 수 있을까? 인간의 몸에 관한 지식보다 의사들이 환자에게 더 신뢰를 줄 수 있는 게 무얼까?

나는 지금 친절에 관해 이야기하고 있어. 환자 내면의 싸움에 주목해야 한다는 이야기를 하는 거야.

이번 주 내내 거의 울 뻔했어. 그런 내 모습에 놀랐어. 집사람과 치유 가능성과 죽음에 대해 이야기할 때였어. 딸기 화단을 치울 때, 새로 심은 나무가 이듬해에 더 튼튼한 과실을 맺도록 조그만 녹색 열매를 따낼 때도 눈물이 날 뻔했어. 나는 먹지 못할 텐데… 누가 이 열매를 먹을까? 누가 열매를 딸까? 그런 생각이 엄습하자 무기력해졌어. 새로운 소식을 못 듣고 집으로 차를 몰던 화요일에 특히 더 그랬어. 집사람이 내게 말하더군. "당신은 좀 울어야 해요. 속에 있는 걸 끄집어내야 해요." 내가 막 소리쳤거든. "이런 느낌이 싫어! 싫다고!" 나약함. 나약함이 창백한 얼굴을 그대로 내보일 때는 더 끔찍해.

목요일 저녁에 의사가 전화를 했을 때, 그리고 현재까지 알 수 있는 모든 정보를 빠짐없이 알려준 지금은 울고 싶은 충동이 마치 세례처럼 느껴져. 내 영혼을 씻기는 따스하고 좋은 느낌이야. 새로운 소식이 좋으냐 나쁘냐는 상관없었어.

지난번 편지에서 담당의사를 '썩 괜찮은 사람'이라고 불렀지. 그에게 걸려온 전화는 나로 하여금 사람을 신뢰하게 하고 그 마음을 계속 품게 만들었어. 의사에 대한 신뢰도 다를 게 없어. 내 영혼은 그러한 교류를 원하고, 필요로 하고, 열망한다네. 의사의 손보다도 전적인 신뢰를 열망하지. 더 포괄적이고 더 거룩한 신뢰.

의사가 알려준 내용을 요약해볼게.

그는 내 흉골 가운데 부분 밑에 있는 종양에 관심을 기울였어. CT 촬영 결과 크기가 많이 줄어든 것 같다더군. 하지만 방사선 치료를 받았던 아주 작은 부분이 있어. 모래알 같은 이 작은 부분들이 폐렴 증세일 가능성이 크다더군. 방사선 때문에 생겨난 조그만 섬유 종양이 죽 늘어서 있어. 이 조그만 종양들은 해롭지는 않지만, 숨 쉬는 데 방해가 많이 돼. 그래서 프레드니손을 먹는 거야. 모래알처럼 흩어진 종양이 두 가지 있다더군. 하나는 일시적인 것이고 다른 하나는 그렇지 않대. 시간이 흘러도 없어지지 않는다는 얘기지. 종양들과 함께 살아야 하는 거야. 의사 말이 방사선을 쬔 환자 중에 폐렴을 앓는 경우는 극소수래. 극히 소수라. 그리고 보면 나는 꽤 훌륭한 명사수인가 봐. 그렇지 않나?

그러나 의사가 이런 이야기를 해준 건 고마운 일이야. 덕분에 의사에게 훨씬 더 고마운 마음이 들었어. 정말 솔직하게 이야기해줬거든. 나를 신뢰하고 정보를 모두 알려준 거야. 그 마음이 고마웠어. 사실 그는 굳이 오늘 그런 이야기를 하지 않아도 되었어. 6월 13일에 더 상세한 PET 촬영을 할 때까지 미룰 수도 있었어.

의사 말이 CT가 PET보다 정확성이 떨어지긴 하지만 그 종양은 절대 폐렴이 아니라 암이래. 게다가 악성이래. 폐 위쪽 아주 작은 부분에서 미세한 공격을 하는 극히 작은 군사들 같이 종양이 흩어져 있을 가능성이 전혀 없지는 않다더군. 그리고는 우리가 겁을 먹지 않도록 폐렴으로 나타날 가능성이 아주 크다고 했어. 우리를 안심시키려고 애썼지. "80퍼센트." 그렇게 말하더니 이내 "더 높습니다"라고 덧붙이더군. "네, 폐렴일 확률이 80퍼센트 이상입니다." 물론 바꿔 말하면 암이 계속 퍼져 있을 가능성이 20퍼센트라는 말이지. 그렇지만 "더 낮아요. 네, 20퍼센트보다 더 낮습니다"라는 뜻이기도 해.

맞아, 나는 우울한 인간이었어. 그리고 아주 작고 멀리 떨어진 목표물을 아주 잘 맞히는 명사수이기도 해.

월트

 암의 나라에서 온 편지

#13

7월 23일

참 을 성 있 는 나 의 소 중 한 친 구 들 ,

사 랑 하 는 가 족 들 ,

　몸에 있는 털이 모두 빠져서 좋은 점도 있어. 무성한 덤불을 이루던 귓구멍과 콧구멍이 깨끗해졌거든. 그러니 몸에 털이 다시 나면 나쁜 점도 다시 돌아오겠지. 무슨 말인지 이해할 거야.

　머리에서 서서히 자라는 그루터기를 계속 문지르고 있어. 예전에 겪어본 적 없는 일이지. 이런 걸 경험하기에는 너무 젊으니 말이야. 손가락, 손, 팔에 새로 난 털을 들여다보았어.

까맣고 아주 굵더라. 놀라웠어. 새로 난 머리털은 어떨까. 예전과 확연히 다를까. 나중에 살펴보고 이야기해줄게.

오늘은 7월 23일 일요일이야. 지난주에 집사람과 나는 종양내과 의사들을 만났어. 검사실에서, 또 진료실에서. 조금 전에는 예정되어 있던 PET 촬영을 했어. 내가 지난번 편지에서 얘기한 대로 CT 촬영 다음에 받는 검사 말이야. 지난 목요일에는 호흡을 어렵게 하는 원인을 밝히려고 폐 검사를 연달아 받았어.

PET 촬영 결과는 좋았어. 의사들도 종양 치료가 효과가 있어서 기쁘다고 하더군. 종양은 분명히 줄어들었어. 하지만 여전히 남아 있기는 해. 내 가슴 한가운데 들어앉은 종양 하나는 계속해서 활동하고 있다더군. 종양의 신진대사 작용이 멈추지 않았다고 해. 하지만 활동은 많이 줄었대. 예상했던 일이야. 내 뇌와 넓적다리 사이에 새로 생긴 종양은 하나도 없었어.

암 진단을 받고 일찌감치 뇌 검사를 했어. "그냥 기본 검사예요." 그때 의사가 그렇게 말했어.

"기본 검사요?"

"앞으로 뇌를 촬영하게 되면 이걸 기준으로 결과를 비교할 겁니다. 암이 뇌로 전이될 수도 있습니다. 가능성이 전혀 없지는 않아요. 등뼈로 전이될 수도 있어요."

결과가 좋은 편이지만, 의사들은 낙관하지만은 않았어. 종양이 아주 작으면 PET에 안 나타날 수도 있다더군. 그래서 3개월 뒤에 다시 PET 검사를 할 예정이야.

폐 검사에서는 다른 문제를 여럿 찾아냈어. 나이, 몸무게, 덩치를 감안하면 숨을 들이쉴 때마다 매번 5리터 이상의 공기를 들이쉬어야 해. 그런데 내가 들이쉬는 공기 양은 2.45리터밖에 안 돼. 폐가 받아들일 수 있는 공기 양이 방사선 치료를 시작하면서 절반 이하로 줄어들었어. 폐렴은 기정사실이 되었어. 납작하고 좁은 검사대에 누워 팔을 넓적다리에 꼭 붙이고 미동도 없이 쬐었던 광선 때문에 폐 일부가 쓸모없어지고 말았어. 나의 내부로 향하는 커다란 유리 눈들이 이런저런 각도로 내 몸 주변을 돌면서 건강한 조직을 통과해 나쁜 조직들을 때리지.

"일시적인 현상일 수 있습니다." 종양내과 의사가 뜬금없이 말하더군. 온화한 목소리였어. 치료를 시작할 때는 이런 부작용에 대해 이야기하지 않았어. 미리 얘기했더라도 무얼 할 수 있었을까. 취할 수 있는 다른 방도가 거의 없었는데. 어쩌면 매일매일 의료진의 손에 자신의 폐를 맡겨야 하는 사람을 일부러 괴롭힐 필요는 없다고 생각했을 거야. 폐 사진을 판독하는 건

종앙내과 전문의의 영역이 아니라서 그는 나를 다른 의사에게 보냈어. 폐 전문의. 새로운 검사, 그리고 새로운 치료.

숨을 깊이 들이쉬려고 할 때 폐 위쪽 조직에 거친 지붕이 있는 느낌이야. 숨을 쉬면 그 지붕이 자극을 받아. 짜증이 나지. 지붕의 위치도 폐의 호흡량도 지난 몇 주간 떨어진 것 같아. 줄어든 걸 느낄 수 있어. 덕분에 힘과 지구력도 떨어졌어. 나는 여전히 매일 집에서 작업실까지 걸으면서 남아 있는 힘이 얼마나 되는지 재고 있어. 느리게 천천히 발걸음을 옮기지. (아주 느리게 걷는다네. 집사람에게 물어보면 알 거야. 집사람과 함께 걷다가 금세 뒤처지곤 해. 옛날과는 반대야. 예전에 난 참 배려가 없었어. 그래서 집사람이 아주 많이 뒤처지곤 했지.) 네다섯 걸음을 내딛고 기진맥진해서 멈춘다네. 심장이 쿵쾅이는 걸 느끼면서 머리를 무릎 사이에 떨어뜨리지. 피 속에 산소를 충분히 넣고 일어나 다시 네다섯 걸음을 걸을 수 있도록 말이야.

요즘은 발작적으로 숨을 헐떡이는 바람에 말을 하기가 쉽지 않아. 나는 말하는 사람이지. 말로 먹고 살아. 헌데 헐떡이고 기침하느라 말을 하다 말고 멈추어야 해. 그러는 사이 다른 사람이 끼어들어 내 문장의 절반을 뚝 잘라버리지. 소풍객이 도시락을 노리고 날아든 파리를 때리듯 이 갑작스러운 미숙함을 쳐내버리고 싶은데… 헌데 나의 이런 몸짓은 날아가

   암의 나라에서 온 편지

버리질 않아.

가볍게 쓰고 있어. 대개는 어투가 기분을 드러내거든. 그런데 글을 쓰지 않을 때면 다른 기분이 나를 압도해버려.

이틀 전 새 종양내과 의사들을 만나서 검사를 받았어. 집사람과 나는 스트레스를 받기 시작했어. 한 의사를 만나고 또 다른 의사를 만나는 중간에 우리는 나를 고문하는 증상들을 하나하나 기록했어. 의사에게 각각의 증상에 대해 물어볼 거야. 독감에 걸린 것처럼 관절과 뼈가 쑤셔서 널브러져 있기 일쑤야. 불규칙하지만 상당히 자주 그래. 입맛을 잃었어. 내 육체가 음식을 감당하지 못하는 것 같아. 부담스러워. 몸무게가 줄고 있어(이건 고마운 증상 아닌가). 머리가 아파(여보, 당신은 이게 머릿속 종양 때문이라고 생각해?). 이게 발파라이소에서 체스터턴까지 운전하면서 뽑았던 내 증상들이야. 체스터턴은 혈액종양내과 전문의들이 있는 곳이야. 우리는 쉰 목소리로 이야기했지.

"당신은 어떻게 생각해요?"

"모르겠어. 아무것도."

"월리."

"왜?"

“우리 어떻게 해야 해요? 난 어떻게 해야 해? 당신도 알지 만 난 재산을 관리할 줄 몰라요.”

“여보, 우리 아이들 중 당신 재산을 원하는 아이는 아무도 없어.”

“음.”

나는 잠시 말을 멈추었어. 그리고 말했지.

“여보, 난 우리 집이 그리울 거야. 이렇게 편안한 느낌은 처음이야.”

“그리워한다고요? 윌리, 당신은 죽을 거예요.”

“나도 알아. 음, 벌써 그리운 걸.”

그리고 우리는 함께 기도했어. 의사를 만날 때마다 집사람이 함께 가주는 게 얼마나 고마운지 몰라.

지난 일곱 달 동안 집사람과 나는 그 어느 때보다 더 단단하게 결합된 느낌이야. 더 헌신적으로 더 감미롭게. 훨씬 더 본질적인 이야기를 하게 되었어. 서로 정직하지 않을 수가 없어. 사실 말조차도 필요 없어졌어. 지난 일곱 달 동안 멋진 친구들이 줄줄이 찾아왔어. 지성과 사랑, 너그러움과 우정, 거룩함과 믿음, 기도, 유머, 흔들림 없는 모습을 보여주었지. 그 모습에 우리는 짐짓 놀랐고 겸손해졌어. 친구들! 자네들이 하나하나 모여 밝고 복합적인 무늬가 놓인 작품을 하나 만들었어. 단순히 색깔을 뒤섞은 것이 아니었어. 자네들은 자신의 자아, 영혼, 독특한 기질과 재능을 우리에게 보여주었어. 자네들은 여기 우리 집에서 우리를 둘러싼다네. 자네들이 보낸 이메일과 뒤늦게 도착한 편지들을 우리 부부가 부엌에서 함께 읽을 때면 말이야. 우리는 자네들의 존재, 자양분이 되는 소중한 존재를 받아들이지. 자네들이 베푼 친절에 감사하고 있어. 자아를 드러내고 사랑을 보여주어 고마워.

지난 일곱 달 동안의 경험은 오래도록 꽃을 피우고 열매를 맺는 놀라운 정원이었어. 좋은 소식이 겹쳤어.

삶의 질을 고려하면 억제되고 제한되는 것들이 있어. 예상했던 거야. 삶과 죽음의 갈림길에서 삶에 발을 딛고 있을 때는 눈에 보이는 축복으로 균형을 맞추는 게 당연하지 않은가.

이번 가을 학기에 강의를 할 거야. 글도 쓸 생각이야. 계획은 세울 수 있으니까.

지난 3월부터 만약 암을 견디고 살아남는다면 내가 할 수 있는 일들과 해야 할 일들이 뭘까 생각하면서 느리게 흘러가는 시간들을 메워왔어. 개를 사기도 하고. 초대가 줄어들면 어쩌나 싶은 마음에 여행도 줄이고. 공적인 일에 시간을 덜

쓰면 집사람과 아이들, 손주들과 시간을 더 보낼 수도 있고 글도 쓸 수 있을 거야. 그러면 기분이 나아지겠지. 모두 폐활량이 요구되는 일들이야. 기름 값을 아끼려고 오토바이를 살지도 몰라. 꽤 그럴듯한 이유지 않나?

그렇지만 이 병든 노인이 죽을지 모른다는 사실 때문에 관심을 잃어버린 것들이 있어서 서글퍼. 몸에 털이 다시 나면서 삶을 괴롭히는 일상의 파도가 밀려들고 있어. 고래가 사라지면 크릴새우가 크게 번식하는 것처럼 말이야. 어쩌면 일상의 일들은 지난 일곱 달 동안의 경험에서 끌어내야 할 또 다른 혜택인지도 몰라. 윌리, 작다고들 말하는 크릴새우가 얼마나 작은지 알고 싶으면 한번 찔러 봐. 죽음과 우리 사이의 간격만큼이나 작지 않아? 죽음은 항상 바로 옆에 있으니.

암이 치료되었다는 이야기는 할 수 없어. 내 몸에 암이 계속 존재하는 한 그런 이야기는 할 수 없어. 모든 징후가 완전히 사라졌다 해도 암이 휴지기에 들어간 것일 뿐이야. 정확한 말이야. 제수씨는 유방 절제술을 두 번이나 받았어. 벌써 5년째 암은 휴지기에 들었어. 그래도 그녀는 여전히 자기 곁을 떠도는 망령을 주시하고 있어. 사망률을 이야기하는 게 아니야. 수술하고 회복한 본인의 경험이 확실한 증거니까. 그러나

　　　　　　　　　　　　　암의 나라에서 온 편지

한때 암을 앓은 사람은 다시 암이 재발할 확률이 대단히 높아. 제수씨는 통계가 가리키는 사실을 제대로 인식하고 있는 거야.

앞으로 몇 달간 써야 할 것들이 있어. 심각한 상처를 입고 슬퍼하는 사람이 다른 이들에게 공감을 받지 못하는 경우가 얼마나 많은지 몰라. 사람들이 타인의 슬픔에 공감하거나 동정하는 시간은 아주 짧아. "암은 이미 이겨냈잖아"라고 생각하고 치워버리지. 하지만 진정한 우정은 슬픔이 반복되고 지루하게 이어지고 심지어 새로운 위기가 주는 흥분이 사라진 뒤에도 남아 있어. 반면에 이미 오래 전에 공감을 끝낸 사람들은 병자를 귀찮은 사람쯤으로 여기고 피하기 시작해. 그리고 어느 순간 지나치게 침울한 척한다고 비난해.

내가 그런 입장에 있고 친구들에게 무시당하고 있다는 뜻은 아니야. 내가 하고 싶은 얘기는 위기가 뿌리를 깊게 내린다는 거야. 처음 꽃을 피운 뒤에도 오래도록 씨를 안고 있어. 막상막하의 접전이 길어지는 거야. 인생이라는 모험의 다른 부분과 마찬가지로 이 부분을 속속들이 살펴보고 싶어.

기도해주어서 고마워.

기도하러 모인 수많은 회중에게도 감사와 사랑을 담아,

월트

#14

부치지 않은 편지

지난 5월, 차선을 바꾸다가 범퍼를 들이받은 말리부 1991년형 주인을 기억하나? 병이 여럿 있어서 내가 우스갯소리를 했던 사내 말이야. 시카고 빈민가에서 두 번이나 얻어맞아 몸이 찢어지고 창자에 구멍이 생겨 심각한 감염에 시달린다고 했던 사람. 이빨이 없고 발찌에 묶여 있던 사람. 아마 그래서 차에서 나올 수 없다고 했었지. 내가 무릎을 구부리고 운전석 창문으로 이야기를 해야 했던 사람. 경찰과 20분이나 이야기를 나눈 다음에야 이미 고철덩어리가 되어버린 차를 몰고 갈 수 있었던 서른 살 그 사내 말이야. 기억나?

 암의 나라에서 온 편지

그 사내가 나를 고소했다네.

재판은 10월 20일 금요일 오후 1시로 잡혔어.

어디로 가야 하는지는 알아. 무고한 시민인데 이미 법정에 여러 번 가봤거든. 나를 비난한 사람은 아무도 없었단 걸 알아줘.

아악!

#15

8월 8일

친 구 들 ,   고 마 운   이 들 ,   가 족 들 ,   꼬 마 요 정 들 ,

지난번 편지 이후 알려줄 소식이 생겼어. 때로는 좋은 소식이 현실에 관한 중요한 정보를 간과하게 만들곤 하지. 그리곤 타당성을 따져보지도 않고 더 좋은 상황을 상상하게 만들어. 그러므로 너무 빨리 행복감에 도취되면 안 돼. 지금 전하는 소식이 그리 좋은 소식으로 들리지는 않을 거야.

폐활량은 예전과 같아. 정상의 절반 수준이야. 그런데 2주 전에 갑자기 더 악화되었어. 결국 종양학과 의사가 추천한 폐 전문의를 급히 찾아가야 했어. CT를 또 찍으라고 하더군. 하

                                        암의 나라에서 온 편지

지만 늘 찍던 부분이 아니라 다른 부분을 찍었어. 오른쪽 폐에 꽤 큰 핏덩어리가 있는 것으로 밝혀졌어. 의사는 곧장 나를 입원시켰어. "얼마나 오래 입원해야 하나요?" "오래는 아니에요. 일주일을 넘기지는 않을 거예요." 일주일? 2주 후에는 학기가 시작하는데….

피를 묽게 하는 혈액 희석제를 맞게 될 거래. 상황을 봐가면서 의사들이 용량을 조절하겠지.

"휴식 시간을 가지세요." 의사가 말하더군. 일을 않고 쉴 때 내가 얼마나 죄의식에 시달리는지는 알 리가 없으니까.

하지만 의사 말에 따라야 했어. 입원을 했지.

퇴원하길 원하면 간호사가 집에 와서 주사를 놓아줄 수도 있다는 걸 며칠 뒤에 알았어. 하지만 비용이 너무 비싼 데다 병원에 입원해서 받는 처치만 보험 처리가 돼.

고민하다 물어보았어. "내가 직접 주사를 놓으면 어떨까요?"

흠, 아무도 그 생각은 못했던 모양이야. 직접 주사를 놓아본 적이 있냐고? 인슐린 주사 한 번?

경험은 없어. 하지만 배우면 되지. 어쨌든 내 몸이잖아.

일단 오렌지를 찔러봤어. 그리고 바로 터득했지. 지금은 하루에 몇 번씩 내 배에 직접 주사를 놓고 있어. 이제 내 피는 아주 묽어. 배는 검붉은 자줏빛 꽃들이 핀 장미 정원 같아. 찌를 때마다 새로운 꽃이 피어나거든.

식료품점에서도 바퀴가 달린 산소통을 끌고 코에는 튜브를 꽂고 다니는 늙은이가 되어버렸어. 산소를 공급하는 꼭지 두 개가 구멍을 통해 내 목으로 뽀글거리는 공기를 내려 보내서 타는 가슴을 편하게 해줘. 항상 이 기구를 달고 다닌다네. 잠을 잘 때도 이 기구에 의지해.

폐 전문의는 호흡 곤란의 원인으로 세 가지를 지목했어. 내가 제대로 이해한 거라면 이제부터 한 번에 하나씩 원인을 제거해나갈 거야.

그렇지만 반으로 줄어든 폐활량을 가지고 사는 것도 아주 불가능하지는 않아. 때가 되면 호흡기를 뗄 거야. 여전히 걷고 있어. 한 걸음 걷고 한 번 멈추고 한 번 숨 쉬면서. 팔도 흔들고. 손도 풀고. 운동하는 거야.

가르치는 일에 열정을 쏟으면 산소가 감정을 충전해서 내가 격한 감정을 드러낼 수 있게 지탱해줄 거야. 늘 이맘때면 학생들을 가르치는 일을 열렬히 고대한다네. 가르치면서 학생들과 형성하는 관계를 기대하지. 가르치는 일은 내게 가장 좋은 약 중 하나야. 탁월한 정신과 마음을 지닌 공동체를 위해 질병에 굴복하는 대신 질병을 극복하도록 내게 동기를 부여하거든.

　폐 전문의가 내 손가락에 작은 기구를 달았어. 그리고는 내 팔을 잡고 복도를 따라 내려가더니 다른 복도로 올라가더군. 그러면서 계속해서 손가락에 단 기계를 확인했어. 하지만 오래 걸을 수가 없었어. 그는 내가 오랫동안 괴로워했던 호흡곤란을 처음으로 직접 확인한 의사야. 그는 묵묵히 일만 했어. 기계적으로 수치를 확인하고 생각하는 것을 솔직담백하게 이야기했어. 아무것도 숨기지 않았어. 좋은 말로 포장하지도 않았어. 복도를 왔다갔다하는 일을 마치자 머리를 흔들더군. 생리학 용어로는 뭐라고 할까? 모르겠어. 아무튼 폐를 통해 혈액으로 공급되는 산소량이 상당히 낮다고 하더군. 그래서 키가 약 1미터에 달하는 은빛 금속 산소호흡기라는 내 새 동료가 성난 고양이처럼 쉬익 소리를 냈어.

　"의사들이 암에 대해 이야기했습니까?" 진료가 끝나기 바로 전에 의사가 물었어.

　"예." 내가 대답했지.

　"뭐라던가요?"

　나는 전문 용어를 동원해서 암의 성상과 현재 상태를 빠르게 읊었어.

　의사는 급하게 숨을 쉬면서 내 말을 듣더군. 시간이 없거나 참을성이 없거나 둘 중 하나겠지.

설명을 끝내자 의사가 말하더군. "설명 잘하시네요. 꼭 의사 같으세요. 제가 이미 아는 내용을 이야기해달라고 물었겠습니까? 의사들이 얼마나 남았다고 하던가요?"

어깨가 축 처지고 앞이 깜깜해졌어.

의사가 말했어. "이 암은 없어지지 않습니다. 이 암이 당신을 죽일 겁니다. 폐렴이나 다른 병이 당신을 먼저 죽이지 않는다면요. 익숙해지세요. 이 걸 염두에 두고 사세요."

그다음에 어떻게 되었냐고? 반전을 기대하지는 마. 여전히 숨을 헐떡이고 배는 콕콕 쑤시고 가슴에는 나를 영원한 본향으로 데려갈 종양이 있어. 하지만 오늘은 8월 8일 화요일이야. 미풍이 시원해. 하늘에는 구름이 휙휙 지나가며 엷은 구름은 소용돌이처럼 빙그르 돌고. 있어. 토마토는 빨갛게 익어가고 곧 소스가 되겠지.

수업 준비를 마쳤어. 강의 계획표와 학기 일정을 짜고 주제를 모두 뽑았어. 이제 2주 남았어!

손주 셋이 주말을 보내려고 목요일에 집에 왔어. 다음 소설에 관한 아주 좋은 아이디어가 떠올랐어. 여름 내내 그 아이디어를 발전시키면서 보낼 수 있으니 기뻐. 예수님은 저 잘났다

     암의 나라에서 온 편지

고 떠드는 이 땅의 지도자들보다 훨씬 더 믿을 만한 분이셔.
슬픔과 공포, 자기 잇속만 차리는 유행병이 사람들을 힘들게
해. 지도자라는 사람들은 공포를 증폭시키고 행동을 왜곡하고
공의를 뒤집고 곳곳을 파괴해. (전쟁이 세상을 파괴하기 전에 내가
먼저 죽을까?) 사실이야. 우리가 하나님을 피해 숨은 그날 이후
늘 그래왔어. 요즘 들어 더 심해지는 것 같긴 하지만.

하지만 주님의 언약은 영원해. 그분과 그분의 언약은 시간
을 끌어안아. 언약을 맺으시고 언약을 지키시는 사이에 예수
님은 시간을 끌어안으셔. 시간에 끝을 부여하시고 형태를 부
여하셔. 시간은 영원으로 가는 대기실이야. 그러니 시간 속에
틀어박히거나 휴식을 취하는 것은 잘못이 아니라네. 우리 주
변에서 일어나는 부당한 일과 상처를 모른 척하려는 것도 아
니고 상처 입은 자들을 섬기지 않으려는 것도 아니니까. 그저
기뻐하려는 것뿐이야.

좋은 날이야. 기뻐할 수 있는 날, 예수님이 가까이 계시네.

월트

Part 2

앎 의 나 라 에 서 온 , 편 지

#16

9월 17일

내 좋은 친구들,

집사람과 소파에 나란히 앉아 있어. 스안은 머리를 뒤로 기대고 눈을 감고 있다네. 저녁 9시 15분 전이니 잠이 몰려올 시간이지. 집사람은 몹시 피곤한 상태야. 오늘은 정말 긴 하루였어. 할 일도 많았고. TV가 켜져 있는데, 보는 사람은 없어. 집사람은 녹초가 되었고 나는 자네들에게 편지를 쓰고 있다네. 오랜만이야, 그렇지? 요즘 자네들을 아주 많이 마음에 담고 있었어. 의무감에 매인 관계가 아니라 마음이 통하는 공동체로서 말이야. 기꺼이 그리고 다정하게 내 여행을 받아들여준 친구들로서 말이야.

정기적으로 해야 하는 일들이 생겼어. 목이 부풀어 올라서 초음파 검사를 해야 했어. 식도 밑에서 시작해 쇄골 아래까지 부풀어 올라서 마치 큼지막한 턱받이를 한 것 같아. 매주 피도 뽑아야 해. 폐에 생긴 손바닥만 한 핏덩어리 때문에 혈액 희석제도 투입해야 해. 살은 이미 주홍색과 파란색 멍이 들어서 얼룩덜룩해. 항암제를 주입하는 케모포트도 심었어. 작고 동그란 도넛 같아. 그 위로 피부가 새로 올라왔어. 연필심만 한 바늘이 살을 뚫고 들어가 튜브를 통해 혈액이 몸속으로 잘 흐르는지 확인하고 있어. 아직도 프레드니손을 먹고 있어. 약 때문에 큰 근육들이 줄어들었어. 통증이 다시 찾아와서 바이코딘을 먹기 시작했어. 자낙스라는 약도 있어. 코데인 인산염이 첨가된 기침약도 있어. 그런데 기침이 코데인보다 강한가 봐. 기침이 멈추질 않아.

이 이야기가 재미있나? 늙은이들이야 원래 육체에 찾아오는 질병에 관심이 많지. 이런저런 치료법에도 그렇고. 사실 이건 자부심을 드러낸다네. 남보다 앞서고 싶은 마음 말이야. 번쩍번쩍 윤이 나고 힘도 좋은 오토바이를 손에 넣는 것과 같아. 이것 봐, 내 약이 자네 약보다 낫잖아.

이상하게도 통증이 주로 몸의 말단 부위에 찾아와. 이빨이

   암의 나라에서 온 편지

아파. 잇몸도 아프고. 치아가 뿌리를 박고 있는 우묵한 부분, 그리고 턱과 이어지는 부분이 아파. 치아가 얼마나 소중한데! 치아 근관이 아파. 나을 수나 있을까? 뽑아야 할지도 몰라.

십오 년쯤 전, 아버지에게 이상한 통증에 대해 이야기한 적이 있어. 아버지는 그때 칠십 대였어. 슬쩍 지나가는 투로 말했는데, 아버지는 노인의 지혜로 반응하셨지. 동정은 하지 않으셨어. 이렇게 말씀하시더군. "익숙해져라." 통증이 찾아왔어. 그리고 재빨리 내 안에 둥지를 틀었어.

익숙해진다는 건 함께한다는 거야.

지금까지 나는 나아질 거라는 생각으로 병을 대했어. 자전거를 타고 중서부 7개 주를 횡단하다가 엉덩이를 심하게 다친 적이 있어. 미네소타 주 알렉산드리아를 지날 때였어. 내가 진행하는 라디오 프로그램의 기금을 마련하려고 진행한 행사였어. 청취자 수도 늘리고 기금도 모으기 위해 직접 청취자들을 찾아가 이야기를 나눴어. 구급차에 실려 가면서도 여행을 포기할 생각은 추호도 없었어. 여행을 계속할 방법을 찾기로 했어. 치료를 받으면 몸은 곧 회복될 테니까.

본부에 있던 상사는 생각이 달랐어. 돌아오라더군. 우리 집 사람에게 전화해서 나를 설득하라고까지 했어. 하지만 집사람은 내가 이미 마음을 정했다고 했지. 나를 통제하지 못한 상사는 기분이 좋지 않았겠지만, 결국 나는 해냈어.

수술을 받고 나서 목발을 짚고 여행을 계속했어.

매년 겨울이 되면 팔다리에 힘이 빠졌어. 그래도 봄여름에는 농장에서 일하면서 다시 기력을 찾곤 했어. 겨울 동안 늘어난 체중도 다시 빠지고 머리색도 밝아지고 얼굴은 햇볕에 까맣게 그을렸지.

그러나 지금은 예전과 같을 거라고 생각하면 안 된다네. 앞으로 다시는 두 폐에 공기를 가득 들여 마시지 못할 거야. 계단을 올라갈 때면 늘 헉헉댈 거야. 두 번 다시 옛날 같은 몸으로 돌아갈 수 없어. 자가 치유를 기대할 수도 없어.

세월의 무게를 견딘 노인의 충고 "익숙해져라." 이제 노인이 된 나는 지금 그 충고를 마음에 새기고 있다네.

나이를 먹는다는 것, 세월의 흐름에 대한 이야기가 아니야. 몸이 고장 나는 이야기를 하고 있는 거야. 생활방식과 체질이 제각각이니 개인차가 있긴 하지만, 누가 먼저냐 나중이냐의 문제일 뿐이야. 지금 나는 노인들에게 찾아오는 시간, 육체의 퇴화, 삶을 대하는 새로운 방식에 대해 이야기하는 거야.

사실 아이러니야. 젊은 시절에 우리는 미래를 위해 애쓰지 않나. 앞날을 내다보고 더 나은 삶을 위해 계획을 짜. 그런데 과거의 경험에 비추어 앞날을 계획하거든. 아팠다가도 곧 회복되었던 예전처럼 앞으로도 그럴 거라고 생각하고 계획을 세워. 마음을 들여다보고 지혜롭게 행동하는 사람이라고 해도 아무도 예외가 없어. 사실 관찰을 통해 충분히 알고 있으면서도 익숙한 방식으로 살아가려 하지.

나는 지금 '앞날'이라는 해변에 이르렀어. 눈앞에 펼쳐진 해변은 아주 작아. 시야가 제한되어서 둘러보고 계획을 세울 여지가 별로 없어. 오래 전에 나는 생의 종말이 가까워 오는 것을 염려했었어. '이런! 벌써 생의 반이 지났군. 살아갈 날이 살아온 날보다 적어.' 시간이 더 지난 다음에도 그랬어. '내 삶의 3분의 2가 지났구나.' 이제 나는 내게 주어진 시간이 무한한 것처럼 살 수가 없네.

병에 걸렸고 낫지 않을 거야. 상자 안에 들어간 자신을 발견한 거야. 남은 시간이 줄어들수록 앞으로 하리라 마음먹었던 예전의 약속도 줄어든다네.

그럼에도 점점 줄어드는 삶을 사는 방법을 찾는 건 새롭고 신선해. 작가들이 써내려간 문장처럼 창의적일 수도 있어. 그리고 그래야만 해. 깊이와 무게가 있고 성취감과 기쁨이 있을 거야.

자신을 둘러싼 삶이 팽팽해질 때 마치 감옥의 벽이 점점 좁아지는 것만 같아서 훨씬 더 불행해하는 사람들도 있어. 그래도 속에서 치미는 분노를 억누를 수는 있을 거야. 분노는 가장 강렬한 반응이지. 하지만 분노하는 걸로는 아무것도 할 수 없어. 그나마 남은 삶마저 분노가 집어삼키고 말 거야.

익숙해져라.

아직도 익숙해지지가 않아. 내가 가꾸는 정원처럼 올해는 별로였지만 내년에는 나아질 거란 생각을 떨칠 수가 없어. 나는 솔로몬이 하나님께 구했던 '듣는 마음'과 인내심을 지닌 사람이 아니야. 그보다는 권위적으로 말하는 걸 더 좋아해. 그러니 진심으로 학생들에게 빚을 지고 있는 셈이야.

이가 아파! 다시는 예전처럼 씹을 수 없다네. 치통 때문에 요즘은 말이 날카롭게 나가거나 뚝뚝 끊길 때가 많아. 무시하는 투로 말할 때도 있어. 하지만 내가 다른 사람에게 헌신하기로 한 이상, 가르치고 지지하고 친구가 되어주고 사랑하기로 한 이상, 내게는 자기 연민에 빠질 권리가 없어.

내 계획은 선량해지는 것, 그리고 늙어가는 거야. 소설, 시, 설교를 쓸 때 동원했던 똑같은 기술과 재능과 헌신으로 내게 찾아온 상실에 영적으로 접근하는 거야.

존 키츠가 쓴 마지막 편지가 기억나. 그는 죽기 열흘 전에 친구 찰스 브라운에게 편지를 썼어. 키츠는 몹시 아팠어. 결핵이 그의 폐를 먹어치웠어. 키츠는 죽음이 찾아와 그를 조용

 　　　　　　　　　　　　　　암의 나라에서 온 편지

하게 만들 거라고 기대했을 거야.

이 편지에서 시인은 다정하게 작별을 고한다네.

소중한 친구 브라운,

편지를 쓰는 게 이렇게 어려울 줄 몰랐어. 계속 속이 안 좋아. 책을 읽으려고 펼치면 더 심해지는 것 같아. 그래도 격리소에 있을 때보다는 한결 나아.

내 진짜 삶이 과거가 되는 게, 내가 사후의 존재를 인도하고 있는 게 느껴져.

회복되면 병을 앓는 동안 저질렀던 실수를 바로잡는 데 온 힘을 기울일 거야. 회복되지 않는다면, 내가 저지른 모든 잘못이 용서받기를….

편지에서조차 작별을 고하기가 힘드네. 나는 늘 인사하는 걸 어색해했지.

평안하길!

존 키츠

집사람은 잠자리에 들었어. 소파에서 몸을 둥글게 말고 입을 벌리고 20분이나 졸았다는 걸 알아차린 거지. 몸을 일으키더군. 눈동자가 조그만 검정 구슬 같아. 집사람은 졸린 몸을 끌고 침대로 갔어. 지금은 자고 있어. 밤이 늦었어. 나도 이제 잘 시간이야.

잘 자게, 선량한 친구들. 이 편지의 좋은 점은 어디쯤에서 건 그만 읽어도 된다는 거야. 자네들은 죄책감을 느낄 필요가 없고, 나는 자네들에게 짐이 되거나 자네들을 지루하게 만들까 봐 걱정할 필요가 없어.

월트

#17

10월 18일

어제 화요일에 새로운 종양학과 의사를 만났어. 마른 체격의 젊은 사람이야. 우리에게 진심으로 관심을 보여주었어. 질문을 주의 깊게 듣더군. 우리가 모른다고 무시하거나 중간에 말을 끊고 설명을 늘어놓지도 않았어. 우리가 하는 질문을 통해 우리를 이해하려고 했어.

미안하다는 말을 의미 없이 내뱉지 않았어. 반갑더군. 우리가 미처 질문하지 못한 부분, 하지만 궁금해하는 부분까지 세심하게 알려주었어. 내가 느끼는 이런저런 통증을 시간을 들여 꼼꼼하게 살피고 질문하고 노트북에 주의 깊게 기록했어.

집사람이 물었어. "어떻게 해야 하나요?"

검사대에 등을 기대더니 발을 꼬더군.

그리고 두 가지 충고를 했어.

"준비하십시오."

일을 정리하라는 말 같았어. 그러고 나서 의사는 죽음을 앞둔 환자에게 고대부터 해왔던 의식을 시작했다네.

젊어서 더 대담할 수 있는 걸까? 젊어서 환자의 내면에서 일어나는 경험에 더 예민할 수 있는 걸까? 그의 분명한 태도에 우린 안정감을 느꼈어. 결국 집중의 문제였어. 열 달 전 처음 암 진단을 받았을 때도 나는 똑같이 반응했어. 집사람은 불안해 보였어. 툭 건드리면 부서질 것만 같았지. 확신할 수는 없어. 내가 집사람은 아니니까.

두 번째 충고는 하루 두 번 아침저녁에 약을 먹으라는 거였어. 모르핀 말이야.

그 말에 집사람은 강하게 반발했어. 당연한 반응이었어. 내가 모르핀에 중독될까 봐 두려워했거든. 집사람은 내 성향을 잘 아니까.

의사가 집사람을 다독이더군. "약은 실제로 고통을 덜어주는 역할을 합니다. 먹는 게 좋아요. 필요할 때 복용하면 중독되지 않습니다."

어쩌다 보니 중독되는 경우는 없을까?

얼마 전까지만 해도 의사들도 그렇게 생각했어. 그래서 모르핀 처방을 꺼렸지. 환자들은 고통을 호소했지만 방법이 없었어. 지금 의사들이 더 잘 알겠지. 물론 통증이 가라앉은 다음에 모르핀을 복용하면 문제가 생기겠지.

진료 시간은 3시 15분이었어. 진료가 끝나고 처방받은 약을 사러 약국에 들른 시간이 4시 30분이었고.

나는 아무렇지도 않게 모르핀을 먹었어. 우리 여왕 마마께서 걱정스런 눈으로 바라보더군. 가슴 통증이 서서히 줄었어. 잘 잘 수 있을 것 같아.

새로운 소식이 또 있어. 사실 문제될 게 없었어. 실제로 문제가 없어졌지. 그런데 아직도 마음이 괴로워.

재판일이 내일모레 금요일로 잡혔어. 그 일만 생각하면 머리가 지끈거려. 몇 천 달러가 걸려 있거든. 어쨌거나 그 젊은 이에게 고통을 줬으니 사고에 대해서는 내 잘못을 인정했어. 경찰관에게도 그렇게 말했고. 사고 경위서에도 그렇게 쓰여 있어. 그런데 엎친 데 덮친 격으로 지난번 판사 앞에 섰을 때 내 아들도 작은 절도 사건으로 재판 중이었다네. 부끄러웠어. 지금도 그래.

그런데 오늘 아침에 보험회사에서 전화가 왔어. 금요일에 법정에 갈 필요가 없다더군.

"왜죠? 일정이 다시 잡혔습니까?"

아니래. 모든 게 취소되었대. 재판은 없을 거라고 하더군. 자기네가 협상을 잘 해서 그런 건 아니라고 농담을 하더군. 사정이 그렇게 되었대.

"잘 됐네요! 좋아요!" 즉시 집사람을 부르고 싶었어. "그런데 사정이 그렇게 되었다는 게 무슨 말인가요?"

말리부에 타고 있던 남자, 장애가 있고 치아도 다 빠지고 장 속에 생긴 구멍을 막을 수술을 기다리던 그 남자가 너무 많은 모르핀을 복용하고 졸다가 그만….

보험회사 직원은 마치 시세를 이야기하듯 자연스럽게 상황을 설명했어.

"그 남자가 죽었어요."

그 남자와 나의 경기 기록을 적고 있는 게 아니야. 나보다 먼저 죽은 사람들, 친구들, 가족들, 동료들, 지인들의 부고를 읽고 있는 것도 아니라네.

나보다 일찍 간 이 남자 때문에 괴로워.

내 영혼이 부끄러움을 느끼고 있어.

월트

 암의 나라에서 온 편지

아내가 원하는 걸 줄 수 없다

그레이스교회 대표가 되어달라는 제안을 콜리지 처칠이 받아들였다. 낮에는 잠시도 일터를 비울 수 없는 콜리지를 위해 아이들이 교실에서 공부하는 동안 내가 그를 만나러 갔다.

콜리지는 델라웨어 초등학교 교장이었다. K학년부터 8학년까지 다섯 살부터 열세 살까지 학생들이 공부하는 학교였다.

부인 엘프리다 처칠은 다른 학교에서 가르쳤다. 3학년을 맡았는데 꽤 엄격했다. "우리는 우리 힘으로 일어서야 해! 남 탓만 하거나 지원금에 의존해서는 안 돼."

부부가 같은 교육을 받았고 같은 교육자였지만, 가르치는 방식은 완전히 달랐다.

엘프리다는 열을 내면서 말하곤 했다. "남편은 아이들을 너무 자유롭게 풀어주는 경향이 있어요. 그렇게 하면 우리 아이들이 자립할 수가 없어요!"

우리 아이들! 처칠 부부는 아프리카계 미국인으로 도심 지역에서 내가 섬기는 흑인 교회 교인이었다. '우리' 아이들이라는 표현은 흑인을 '깜둥이'라 부르던 관습을 염두에 두고 한 말이다.

엘프리다의 말이 맞다. '자유주의자' 콜리지는 상냥하게 웃으면서 학생들을 대했다. 그래서 아이들은 모두 그를 사랑했다. 학교에 갈 때는 주머니에 10센트짜리 동전을 한 움큼 넣고 갔다. 비서 사무실에 커다란 팝콘 기계가 있었는데, 델라웨어 초등학교에서는 팝콘 한 봉지를 10센트에 팔았다. 학교 원칙이 그랬다. 10센트짜리 동전과 팝콘 기계로 콜리지는 학생들의 이름을 모두 외웠다. 엘프리다의 교육 방식도 콜리지의 방식만큼이나 설득력이 있었다. 엘프리다 덕분에 3학년 아이들은 부지런한 학생으로 거듭났다.

콜리지 교장은 키가 컸다. 흑인 특유의 헤어스타일에 잔뜩 뻗친 회색 머리칼 때문에 실제보다 10센티미터는 더 커보였다. 팔은 적의 함대를 잡아당기는 쇠갈고리 밧줄만큼이나 길었다. 얼굴은 반질반질 윤이 나는 호두 빛이었다. 콜리지는

　　　　　　　　　　　　　　암의 나라에서 온 편지

항상 미소를 지었다. 말을 할 때는 작게 속삭였다. 웃음소리는 멀리서 치는 천둥소리처럼 호탕했다.

어느 해 12월 초였다. 학교는 온통 크리스마스트리 장식용 방울과 녹색 나뭇잎으로 장식되어 있었다. 나는 긴 통로로 이어진 정문을 통과해 학교에 들어갔다. 13미터 전방에 아이들에게 둘러싸인 콜리지가 보였다. 그는 나를 알아보고 팔을 들어 인사했다. 양쪽 팔에 크리스마스 장식처럼 아이들이 주렁주렁 매달려 있었다. 한쪽 팔에 세 명, 다른 쪽 팔에 두 명이 소시지처럼 매달려 행복한 미소를 지었다.

콜리지는 크게 웃었다. 우르르 천둥이 치는 것처럼.

엘프리다 이야기를 들으면 왜 그렇게 그녀가 인종차별에 예민한지 이해할 거라고 콜리지는 말했다.

엘프리다의 집은 가난해서 아이들을 대학에 보낼 여력이 없었다. "엘프리다는 뭐든 자기 힘으로 해야 했어요." 엘프리다는 교육을 받을 수 있는 학교에 입학했다. 등록금을 마련하는 게 불가능해 보였지만 결국 해냈다. 학교에 다니는 동안 일을 쉬지 않았고 수업료와 생활비까지 스스로 벌어서 썼다.

엘프리다는 자기가 맡은 아이들에게 자기가 터득한 인생의 교훈을 반복해서 들려줌으로써 자립심을 심어주려 했다.

엘프리다에게는 카리스마가 있다. 팔짱을 끼고 쏘아 보면 간담이 서늘하다. 뺨에서 햇살 같은 광선이 뿜어 나와 죄의식을 건드는 것만 같다.

콜리지가 크리스마스 연휴 직전에 델라웨어 초등학교에 들러달라고 했다. "네, 갈 수 있으면 갈게요." 개인적으로 할 말이 있다고 했다.

콜리지는 정문에서 나를 맞았고 사무실로 안내했다.

아이들이 공부하면서 내는 소음이 주의를 흐트러뜨렸다. 콜리지는 아무 말도 하지 않았다. 우리는 문 안쪽에서 나오는 음악소리에 맞추어 걸었다.

모퉁이를 돌았다. 복도 끝에 교장실이 있었다. 콜리지의 움직임이 느려졌다. 온 몸으로 무언가에 집중하는 것 같았다.

앞을 보니 이유를 알 것 같았다. 저만치 조그만 백인 여자아이가 벽에 등을 기대고 앉아 있었다. 머리는 수그리고 팔로 무릎을 감싸 안았다. 우리는 아이에게 가까이 다가갔다. 아이는 고개를 들어 우리를 보더니 이내 두 손에 얼굴을 묻었다.

우리는 아이 앞에서 걸음을 멈췄다. 하지만 콜리지는 아이를 내려다보지 않았다. 여전히 정면을 똑바로 바라보았다. 마치 생각이 다른 어딘가에 가 있는 것처럼. 우리는 그렇게 아이가 다시 고개를 들 때까지 서 있었다.

     암의 나라에서 온 편지

"오, 에타 메이구나." 콜리지가 복도에 대고 말했다. 나직한 목소리에 동정심이 가득했다.

아이의 이름! 아이는 시선을 떨어뜨렸다.

살갗이 흰 도자기 같았다. 곱고 작은 무릎에 퍼져 있는 푸른 정맥이 보일 정도였다. 아이의 머리칼은 우울한 구름 같았다. 눈썹이 어찌나 하얀지 곧 사라질 것 같았다.

"오, 에타 메이. 속상하구나. 갖고 싶은 게 있어서."

아이가 눈을 들어 키 큰 남자를 똑바로 바라보았다. 마법에 홀린 듯이. 콜리지가 맞았다. 그는 알고 있었다.

"하지만 나는 에타가 갖고 싶어 하는 걸 줄 수가 없어. 그래, 줄 수 없어."

아이의 눈이 커졌다. 재빨리 숨을 몰아쉬었다.

콜리지가 말을 이었다.

"하지만 대신 이걸 줄 수 있지."

그러더니 주머니에 손을 넣었다. 그리고 에타 메이의 작고 하얀 손을 잡고 악수했다. 손을 떼자 아이의 손에는 10센트짜리가 하나 놓여 있었다.

문을 아주 부드럽게 닫고 의자에 앉은 다음 콜리지는 입을 열었다. 문을 어찌나 부드럽게 닫는지 딸깍 소리조차 나지 않았다. "말씀드려야 할 것은 작은 수술을 해야 한다는 겁니다.

얼마동안 오른쪽 옆구리 아래쪽이 약간씩 아팠어요. 의사가 옆구리에서 한두 가지를 꺼내야 한다더군요. 크리스마스 연휴 첫날에 수술을 할 수 있다고 했어요. 제 계획은 이렇습니다. 며칠이면, 아마 3-4일 정도면 회복이 될 겁니다. 크리스마스 연휴가 끝나고 수업이 시작될 즈음에는 학교로 돌아올 겁니다."

엘프리다와 나는 대기실에 함께 앉아 있었다. 정확히 말하면 함께는 아니었다. 엘프리다는 대기실 한쪽에 팔짱을 끼고 서 있었다. 아마도 남편을 집에서 쉬게 할 생각을 하고 있지 않았을까. 나는 앉아서 책을 읽었다. 콜리지가 수술실에 들어가기 전 우리는 함께 기도했다. 엘프리다는 그 정도면 내가 할 일은 끝났다고 생각했을 것이다.

수술이 끝나려면 한 시간이나 더 남았는데, 녹색 수술복을 입고 수술용 두건을 쓴 의사가 마스크로 얼굴을 가린 채 대기실에 와서 말했다.

"상태가 좋지 않습니다. 암이…."

암이라니! 어떤 의사도 암이란 말을 한 적이 없었는데!

무의식중에 암일 거라고 생각은 했었지만.

"암이 전이되었습니다. 비장과 간, 신장으로 복부 장기 대부분에 전이되었습니다."

의사는 잠시 말을 멈추었다. 엘프리다가 질문을 하길 기다리는 것 같았다. 엘프리다는 아무것도 묻지 않았다. 팔짱을 낀 채로 침묵을 지켰다. 눈은 부옇게 흐려졌지만, 여전히 의사의 얼굴을 주시하고 있었다. 의사의 눈을 보는 것이 아니었다. 수술용 마스크, 목 주변에 흘러내린 마스크 줄을 보고 있었다.

침묵이 길어지니 거북했다. 의사는 전보다 동정 어린 어투로 말했다. "약속드립니다." 마지못해 하는 말 같았다. "우리가 할 수 있는 일은 모두 할 겁니다. 진단이 정확하지 않은 것은 아닙니다."

시선도 몸도 그대로 멈춘 채 엘프리다가 선언하듯 말했다. "오늘 남편을 집으로 데려갈 겁니다."

불가능한 일이었다.

"저런! 흠, 그건 안 됩니다. 당분간 여기 계셔야 합니다. 당분간이 아니라 좀 더 오래 계셔야 할 겁니다. 네, 더 오래요."

크리스마스 연휴보다 오래. 거의 1월 한 달 내내.

나는 콜리지를 정기적으로 찾아갔다. 물론 엘프리다도 그랬다. 그렇지만 항상 둘이 만나지는 않았다. 우연히 같은 시간에 병원을 찾을 때면 훌륭하게 자제심을 발휘하는 엘프리다를 볼 수 있었다. 내가 병실에 들어가면 엘프리다는 곧장 창가로 가서 몸을 돌리고 밖을 내다보았다. 낮이든 밤이든 아랑곳없이. 단단히 팔짱을 끼고 있었다. 마치 갑옷처럼. 무엇도 뚫을 수 없는 갑옷 같았다.

한편 콜리지는 나를 아주 다정하게 맞아주었다.

그는 속삭였다. 몸은 쇠약해져도 노랫가락은 한결같았다.

한 주 한 주 환자는 변해갔다. 위로 솟아 있던 머리칼은 베개에 눌려 납작해졌다. 뺨은 여위고 눈은 쑥 들어갔다. 이빨은 누렇게 변했다. 시들어가는 것 같았다. 안색은 일그러지고 탁해졌다.

의자를 끌어당겨 콜리지 옆에 앉곤 했다. 그는 시편을 묵상했다. 자신을 공격하는 적들과 자기에게 찾아온 병에 대해 불평하는 시편이 아니라 목자의 인도를 확신하며 위로를 얻는 시편을 묵상했다.

내 영혼아 여호와를 송축하라.

내 속에 있는 것들아

다 그 성호를 송축하라.

내 영혼아 여호와를 송축하며

그 모든 은택을 잊지 말지어다.

저가 네 모든 죄악을 사하시며

네 모든 병을 고치시며

네 생명을 파멸에서 구속하시고

인자와 긍휼로 관을 씌우시며

네가 살아 있는 동안 좋은 것으로 네 소원을 만족케 하사

네 청춘으로 독수리같이 새롭게 하시는도다.

콜리지는 반복했다.

"내가 살아 있는 동안."

"살아 있는 동안, 생명이 있는 동안. 그래요, 그거면 됐어요. 충분해요."

수업을 마친 아이들이 내기라도 하듯 거리로 내달린 어느 날 오후 나는 외투를 벗으면서 콜리지의 병실로 다가갔다. 문은 반쯤 열려 있었다. 나는 소리를 죽이고 걸음을 늦췄다. 안을 들여다보고 들어갈지 말지 정할 생각이었다.

엘프리다가 보였다. 남편 위로 몸을 구부리고 있었다. 최근 들어 콜리지는 거의 하루 종일 잠만 잤다. 진통제 때문에 괴로운 모양이었다. 눈꺼풀이 반쯤 내려와 있어서 얼핏 보면 혼수상태에 빠진 것 같았다. 콜리지가 덮고 있는 시트 위에 엘

프리다가 왼손을 올리고 있었다. 콜리지가 깨어 있다면 손바닥의 온기를 느낄 수 있었을 것이다. 이런 엘프리다를 본 적이 없었다. 그런 그녀의 모습에 마음이 따뜻해졌다. 귀 뒤를 바늘로 찌르는 것 같은 이상한 느낌이 들었다.

그래서 아마 내가 작은 소리를 냈던 모양이다.

엘프리다가 곧장 몸을 일으키고 문간에 서 있는 나를 보았다. 그리고 창문 앞 자기 자리로 돌아갔다. 화가 난 듯 노려보면서.

그 순간을 방해한 내가 정말 싫었다. 잠시 후 멀리서 내리치는 천둥소리를 듣지 않았더라면 곧장 병원을 나왔을 것이다. 콜리지는 여전히 눈을 감고 있었다. 하지만 웃고 있었다. 그는 손을 뻗어 내게 다가오라고 손짓했다. 나는 조심스럽게 병실로 들어갔다.

콜리지가 입을 열었다.

"오, 내 아내, 내 아내." 그가 눈을 떴다. 흰자위가 노랗게 변해서 거의 금색에 가까웠다. 그 눈으로 천장을 응시했다.

"아내가 무얼 원하는지 압니다. 아내에게 필요한 게 뭔지 알아요. 하지만 줄 수 없어요. 바라는 것도 필요한 것도 줄 수 없습니다."

엘프리다는 움직이지 않았다. 남편의 말을 들었다는 표시

   암의 나라에서 온 편지

도 없었다. 어깨를 으쓱하지도 않았다.

"줄 수가 없어요." 콜리지는 아주 온화한 목소리로 말했다. 그리고 내 손을 잡더니 나를 침대 옆으로 이끌었다. "하지만 대신 줄 수 있는 게 있답니다. 목사님. 함께 기도합시다."

우리는 기도했다. 콜리지는 이렇게 시작했다. "하늘에 계신 우리 아버지, 이름이 거룩히 여김을 받으시오며 나라에 임하시며…"

그렇게 우리는 주님의 기도를 끝까지 했다. 아주 작게 들릴 듯 말 듯 속삭였다. "아멘."

그 후 몇 번 더 콜리지를 찾아갔다. 나중에 그는 딸꾹질을 시작했다. 낮에도 밤에도 딸꾹질이 멈추지 않았다.

다시 콜리지의 병실에서 만난 날 엘프리다와 나는 각자의 자리에 있었다. 엘프리다는 창가에, 나는 침대 옆에.

죽음이 가르랑거리는 소리가 들렸다. 딱딱한 주사위가 후두에서 달가닥달가닥 소리를 내는 것 같았다.

엘프리다가 자세를 흐트러뜨렸다. 몸을 돌려 나를 보았다. 눈을 크게 떴지만 잘 보이지 않는 것 같았다. 콜리지의 침대로 뛰어오더니 주위를 왔다갔다했다. 남편을 바라보고는 내 옆에 섰다. 몸이 흔들렸다. 누군가 숫자를 세다가 무릎 뒤쪽을 세게 친 것 같았다. 무릎이 꺾였다. 엘프리다는 남편의 큼지막한 손을 꼭 잡고 바닥에 주저앉았다. 그리고 기도했다.

"하늘에 계신 우리 아버지여 이름이 거룩히 여김을 받으시오며 나라가 임하시오며 뜻이 하늘에서 이루어진 것 같이 땅에서도 이루어지이다!"

엘프리다는 남편의 손바닥에 얼굴을 묻었다. 요구하듯 부르짖던 기도 소리가 서서히 부드러워졌다. 남편의 향기를 맡았던 걸까? 콜리지의 커다란 손이 단호한 말투를 누그러뜨린 걸까?

"오늘 우리에게 일용할 양식을 주시옵고 우리가 우리에게 죄 지은 자를 사하여 준 것 같이 우리 죄를 사하여 주시옵고⋯." 엘프리다의 목소리가 속삭이듯 낮아졌다. "우리를 시험에 들게 하지 마시옵고 다만 악에서 구하시옵소서."

"나라와 권세와 영광이 아버지께

영원히 있사옵나이다. 아멘."

엘프리다가 마지막 구절을 읊자 콜리지가 숨을 거뒀다.

엘프리다의 몸이 흔들렸다. 얼굴은 여전히 콜리지의 손에 묻은 채로. 그녀는 알고 있었다. 모를 리 없었다. 남편의 영혼이 그녀 곁을 떠났다.

나는 기다렸다. 그러다 엘프리다가 몸을 일으키지 않을 거

 암의 나라에서 온 편지

란 걸 알고 그녀 뒤에 무릎을 꿇고 앉았다. 팔로 엘프리다의 어깨를 감싸 안고 잠시 그대로 있었다.

그런 다음 엘프리다의 귀에 속삭였다. "엘프리다, 한 영혼을 천국으로 이끄는 기도 중 당신의 기도처럼 영광스러운 마차는 본 적이 없습니다."

엘프리다는 흐느꼈다. 나도 눈물을 참을 수 없었다.

그녀는 돌아서서 나를 껴안았다.

콜리지의 장례식은 1981년 1월 29일이었다. 중요한 인물이었고 많은 존경을 받았다. 우리의 작은 교회는 흑인과 백인 할 것 없이 모여든 사람들로 발 디딜 틈이 없었다. 추운 겨울에 전선줄에 앉은 찌르레기처럼 단단히 외투 깃을 여민 사람들이 몸을 둥글게 말고 회중석을 가득 채웠다.

엘프리다와 두 자녀가 오른쪽 첫 번째 줄에 강대상을 바라보고 앉았다. 둘 다 성인이었다. 인디애나 주 북서쪽에서 학생들을 가르쳤다. 슬픔을 억누르는 모습이 기품 있어 보였다.

장례식은 잘 진행되었다. 내가 이 말을 했을 때만 빼고.

"우리 주님께서 가르쳐주신 기도를 드립시다."

회중에게 등을 돌리고 있어서 그 다음에 무슨 일이 일어나는지 나는 알지 못했다. 그러나 분명히 들었다.

또각또각 구두 소리가 가까이 다가왔다. 이어서 꼿꼿한 3학년 담임선생의 목소리가 들렸다.

"우리 모두 주님께서 가르쳐주신 기도를 드리겠습니다."

뒤를 돌아보았다.

엘프리다 처칠이 서 있었다. 지위고하를 막론하고 그 자리에 모인 모든 사람을 압도하는 눈빛으로 홀로 서 있었다.

"하늘에 계신 우리 아버지!"

#18

12월 10일

좋은 친구들,

오랜만이야. 지난번 편지 이후 얼마만이지?

석 달 동안 편지를 쓰지 않은 이유가 있었다네. 죽음이 두렵거나 죽음이 머지않았다는 생각 때문은 아니었어. 그동안 여러 가지 고통에 대해 생각했어. 사고의 범위가 넓어졌지. 그렇다고 내세를 생각했던 건 아니야. 이런 것들이 없다면 내 편지는 지나치게 자기중심으로 흘러 연민은커녕 아무것도 느낄 수 없는 글이 되어버렸을 거야. 지금까지는 암의 진행 상태에 관한 새로운 정보가 거의 없어.

편지를 썼다면 아마 계속해서 아프다고 되뇌었을 거야.

이번 가을은 더 힘들었어. 걸음을 옮길 때마다 소리가 따라다녀. 폐활량이 점점 더 줄어들어서 산소통을 끌고 다녀야 하거든. 통증이 가슴 구멍을 훑고 등을 타고 내려가는군. 등에 채찍을 내려치는 것 같아. 왼쪽 엉덩이와 넓적다리에도 철썩 때리는 것처럼 날카로운 고통이 엄습해 헉하고 숨을 들이키게 해. 심한 감기 같은 증상도 있어. 땀이 나고 한기가 들어. 음식도 먹기 싫고 근육은 쓸모없게 되었지. 암이란 걸 몰랐더라도 이런 증상이 나타나면 학생들을 가르치지 못하고 집에 있어야 했을 거야.

계속 반복되는 길고 지루한 이야기를 용서하게나. 이제 몇 주만 있으면 내 목에 덩어리가 있다는 걸 처음 안 지 꼭 1년이 돼. 계속 통증이 느껴져. 하지만 자네들에게는 통증 이야기가 단조롭게 들릴 거야.

지난달에 의사들이 이런저런 검사를 연달아 하라고 하더군. CT 촬영을 네 번이나 했어. 폐 검사, 피 검사, PET 촬영이 이어졌지.

11월 10일과 21일에 종양학과 의사들을 만났어. 그리고 지난주 28일에 다시 만났지.

집사람과 나는 차를 몰고 혈액종양내과 의사를 만나러 가는 길에 장례식에 관해 의논했어. 사실 몇 년 전부터 내가 죽고 난 다음에 어떻게 할지 얘기해왔어. 우리에게는 평범한 주제야. 유언을 남기는 문제로 변호사와 상담도 했네. 그동안 집필한 책과 관련된 문제도 논의했어. 인세 문제와 원고는 넘겼지만 아직 출간이 안 된 책에 관한 문제에 대해서 말이야. 이 일을 정리하려면 견적을 뽑아야 해. 내가 교정을 끝내지 못할 논문들과 수집한 자료들을 편집하고 저작권 문제를 조정하는 등 까다로운 일을 맡아줄 사람이 필요해. 내가 쓴 책 초판과 개정판, 참고할 만한 기록과 조사 내용, 관련 기록들은 발파라이소 대학에 기증하기로 했어.

우리가 죽은 뒤 이런 자료가 어떻게 관리되길 바라는지 이야기하는 건 어렵지 않았어. 우리가 죽은 다음에도 한 세대에서 다음 세대로 이어질 테니까. 시인 리처드 휴고의 작품을 모은 책이 《진행 상황을 확인하다*Making Certain It Goes On*》라는 제목으로 출간되었어. 제목에 나타난 긴박함이 이해가 가. 그 표현이 좋아. 전에 편지에도 쓴 적이 있을 거야. 나는 이것을 기분 좋은 책임감이라 여긴다네.

북쪽으로 차를 몰고 체스터턴으로 가는 동안 우리는 대기실에서 기다리는 사람들처럼 이야기를 나눴어. 모든 증상이 점점 심해지기만 했거든. 일련의 검사를 받고 나서 우리는 내가 머지않아 죽을 거라는 결론에 이르렀어.

야로슬라브 펠리칸 박사가 죽기 전에 했던 말을 집사람에게 들려주었네.

"만일 그리스도께서 부활하신다면 다른 것은 아무것도 중요하지 않다. 만일 그리스도께서 부활하지 않으신다면, 중요한 건 아무것도 없다."

그래서 우리는 의사 앞에 앉았어. 요즘 상담을 받아온 젊은 의사였어. 내 상태에 대해 묻더군. 집사람과 나는 정리해둔 내용을 죽 이야기했지. 그는 듣고 머릿속으로 검토하고 고개를 끄덕였어. 그리고 신중하게 내 상태를 진단하기 시작했어. 예전과 마찬가지로 가능성을 하나하나 짚어가는 동안 우리가 자신의 사고 과정을 지켜보도록 허락해주었어. 그리고 드디어 처방을 내렸어.

폐 위쪽 절반을 찍은 사진을 넘겨받은 폐 전문의는 세포가 산소를 전달할 수 없는 단순한 섬유질 조직으로 바뀌었다더군. 그 상태에서 멈추었대. 방사선 종양학과 의사가 뭐라고 하던 간에 내가 살아 있는 동안 폐렴도 내 가슴 속에 남아 있을 거라더군. 방사선과에서는 "이런 경우 80퍼센트는 낫습니다"라고 했거든. 폐 전문의는 폐렴이 내 안에서 여러 가지 통

     암의 나라에서 온 편지

증과 염증을 일으킬 거라고 했어.

의사가 물었어. "남은 기간에 무슨 글을 쓸지 정하셨어요?"

얼마 전에 그가 내게 "일을 정리하세요"라고 했었지.

"네. 글을 쓰기 시작했습니다."

의사는 내가 덜 순수한 산소와 씨름을 하고 있다고 말했어. 덜 순수한 산소가 폐렴이 더 멀리 퍼지게 한다더군. 나는 걸어야 해. 내 심장이 거칠게 뛴다고 걱정할 필요는 없어. 심장이 일을 하는 게 해로운 건 아니니까. 오히려 더 강해지지.

의사는 염증을 완화해줄 소염진통제 이부프로펜을 처방했어. 그리고 모르핀을 계속 복용하라더군. 사실 모르핀은 효과가 있어. 통증을 덜어주는 것 외에 다른 부작용은 없어. 계속 아프기는 하지만 적당히 무시하면서 살아. 혈액 희석제로 와파린도 사용하고 있어.

그런 다음 의사는 검사를 줄줄이 했지만, 종양이 심각하게 진행되었다는 흔적은 찾지 못했다고 했어.

"잠깐만요! 그게 무슨 소리죠?"

석 달 전과 비교할 때 거의 나빠지지 않았다더군. 휴지기에 접어든 것은 아니지만 대사 작용이 아주 느리게 바뀌었대.

그런데 왜 이렇게 고통스러울까?

통증은 실재해. 하지만 의사는 통증을 일으키는 직접적인 원인을 찾아내지 못했어. 사람들은 암이 진행되는 동안 수없이 다양한 반응을 경험한다더군.

"일을 그만두지 마십시오." 의사가 말했어. "글을 쓰세요."

면담이 끝나자 집사람과 나는 병원 주차장에 있는 자동차 안에서 이야기를 나눴어. 이 소식을 어떻게 받아들여야 할까? 우리는 한마디 하고 침묵하고 또 한마디 하고 오래 침묵하곤 했어. 그다음에 어떻게 된다는 걸까? 장례식은 우리 생각보다 한참 뒤에 하게 될 거라는 뜻일까? 시간이 지나야 확실히 알 수 있다고? 계획을 세울 수 있는 걸까?

생명. 우리는 이 소식을 아이들에게 알려야 해. 여보, 우리가 무얼 해야 할까? 당신 생각은 어때?

며칠 전 지금 현재의 삶에서 귀향이 없는 작별에 관한 책을 한 권 탈고했어. 부모로부터, 부모의 집으로부터, 어린 시절로부터 떠나는 이야기야. 아브라함은 하란 땅을 떠나야 했고, 야곱은 에서 곁을 떠나야 했고, 룻은 모압 땅을 떠나야 했어. 그리스도는 영원을 떠나 이 땅에 와야 했어. 그리고 내 아들 매튜는 우리 곁을 떠나야 했어. 이 책에《아버지와 아들 : 집 찾기》라는 제목을 붙였어. 실은 매튜와 나의 36년간의 관계를 다루는 책이야. 지리적 출발, 사회적 출발, 가족을 떠나 새 가정을 이루는 출발, 영적 출발. 이제는 이런 주제가 두렵지 않아. 영적 출발은 천상에 속한 것이지.

왜 지금 편지를 쓰는지 아나? 가을 내내 새로운 소식이 없다가 이제 생겼어.

암은 다시 활동을 시작할 테고 신경을 곤두세우게 만들겠지. 지난 열두 달간 겪었던 일들을 다시 겪게 할 거야. 하지만 그동안 나는 살아 있을 거야. 잠시일 거야. 내 몸 안에 있는 모든 섬유조직이 이 사실을 알고 있어. 내게 오염과 변질에 대해 이야기해준 게 바로 이 조직들이거든.

"내 몸에 있는 모든 조직."

내가 암을 이야기할 때 맞서 싸운다는 표현을 쓰지 않으려는 것도 이 때문이야. 나는 한 번도 암을 적으로 여기지 않았어. 그렇다고 암을 극복해야 할 대상으로 여기는 사람들을 내가 정죄한다고는 생각하지 마. 그들에게는 맞서 싸우는 태도가 도움이 될 수도 있어. 하지만 언론의 표현이 맘에 안 드는 건 사실이야. 깊이 생각하지 않고 상투적으로 아무개가 "오랫동안 암과 싸우다 죽었다"는 식으로 보도하는 게 맘에 안 들어. 언론뿐 아니라 일반 대중도 상투적으로 이런 표현을 사용해.

왜 암을 앓는 일이 항상 싸움이어야 하지? 암과 싸워 이긴 사람들은 훌륭한 전사인가? 이긴다는 게 대체 뭐지? 암과 싸우다 지면 형편없는 투사, 작위를 받지 못한 기사가 되는 건가? 죽으면? 언론은 선정적일 때가 많아. 싸움에서 이기면 '영웅적'이라고 칭송하지. 하지만 패한 사람을 두고 '영웅적'이라고 표현하는 경우는 거의 없어. 전쟁에서 패한 사람들. 실패한 작전을 영웅적이라고 칭송하지 않는 건 무슨 의미일까? 우리를 삼켜버린 실패한 전쟁을 비난이라도 하는 걸까?

사실 암은 승리나 패배의 문제가 아니야. 우리는 모두 죽을 운명이야. 그런데 끔찍한 공격으로 모든 인류를 죽음으로 몰아넣는 전쟁 용어로 누구나 겪는 상실의 과정을 개인과 인류 전체의 학살로 만들어서야 되겠나? 영웅적이라는 말로 덧칠을 하려고 아무리 애써도 결국에는 그도 "어이! 자네는 졌어!"라는 말을 듣게 되겠지.

그러니 한 사람이 어떻게 진정으로 죽음을 경험하는지, 죽음 앞에서 어떻게 행동하는지를 보여주는 이미지를 사용하는 게 좋지 않겠나? 끝까지 사랑하고 관계를 맺는 사람들에게 무엇을 주어야 하는지 보여주는 이미지 말이야. 예전에는 교회에서 이런 이야기를 나누는 게 훨씬 더 익숙했지. 제레미 테일러의 묵상록《거룩한 삶과 거룩한 죽음*Holy Living and Holy Dying*》을 읽어 봐. 과학과 의학이라는 전문 영역이 우리가 진단하고 묘사하고 설명하고 이름을 붙인 질병들을 치료할 수 있다고 우리를 설득하기 전까지만 해도 우리는 죽음에 이르는 병을 두고 그렇게 자기중심적이고 유치하고 단순하고 효과도 의미도 없는 좌표계를 적용하려 하지 않았어. 상업계에서 각각의 통증에는 해독제가 있다는 원칙을 세우기 전까지만 해도, 우리 사회가 각각의 인간은 행복해질 권리가 있다면서 우리를 불행하게 만드는 것은 무엇이든 적으로 규정하기 전까지만 해도 그렇지 않았어.

결국 우리는 암과 싸우는 걸까? 사실 암과 싸우려는 사람들에게 진짜 적은 암이 아니라 암이 드러내는 어떤 사실이야. 인간은 결국 죽을 운명이라는 사실 말이야. 내 말이 맞는다면, 적은 하나님이 되겠지. 결국 우리는 그분과 싸우는 셈이야. 그렇지 않나? 그러나 테일러의 말대로 하나님의 손에 파괴되는 것보다 더 참된 것이 어디 있으며 더 위안이 되는 것이 어디 있을까?

두 개의 다른 존재가 하나님의 숨결로 합쳐졌다. 그 숨결이 없어지면, 두 존재는 조각으로 갈라지고 본질로 되돌아간다.

영은 우리 아버지 하나님에게로, 육체는 우리 어머니 땅에게로. 이것이 죄다 악인가? 아무것도 악하지 않다. 우리는 인간일 뿐이다. 아무것도 악하지 않다. 우리는 불멸의 존재로 태어나지 않았다. 그런데 우리는 격정적으로 이 변화를 거부하고 두려워하면서 거룩한 섭리를 압제라 비난한다. 그리고 우리의 본질을 큰소리로 반대하고 우리가 인간이라는 사실을 불만스러워한다.

히브리 성경에서 시편 기자들이 사용한 이미지를 차용하는 건 어떨까? 인간이라는 호칭은 그의 육체를 가리킨다네. 그러나 히브리인들에게 육체와 그 육체의 주인인 개인은 절대로 따로 존재하지 않아. 개인은 항상 관계 안에서만 존재해. 피조물과의 관계, 민족과의 관계, 부족과의 관계, 가족과의 관계, 그리고 하나님과의 관계 안에서만 존재해. 육체의 질병은 곧 육체의 중요한 관계들이 망가진 결과에 대한 경험이야. 병은 적이 아니야! 병은 때를 알리는 수탉의 울음소리야. 나에게 하나님과 나의 정확한 관계, 사회와 나의 관계, 자연과 나의 관계를 알리는 울음소리야. 거기에 적이 있겠나? 시편 기자는 알고 있어. 하나님을 증오하는 사람들, 그분을 공격하는 사람들을 말이야. 맞아, 주님을 공격하고 상처 입히는 사람들

　　　　　　　　　　　　　　　　　　암의 나라에서 온 편지

말이야. 상처는 육체의 질병과는 달라. 그러므로 인간이 하는 전쟁과 패배는 불순종이라 할 수 있어. 하나님이 주신 계명을 깨뜨리고 거룩한 관계를 깨뜨리는 행위야. 암을 적으로 여기는 개념에는 적대감이 담겨 있어.

그러면 사람들은 싸움이라는 용어를 사용할 수 있지. 단순한 은유가 아니야. 싸움이 사실이 돼. 그러나 우리가 싸우는 대상은 암이 아니야. 바로 하나님이지. 우리는 하나님을 공격하는 거야.

나는 암 세포가 나의 일부라고 생각해. 육체와 영혼의 결합체인 나, 월트의 것이지. 암은 내 몸에 있는 다른 모든 조직들과 함께 있어. 함께하는 거야. 내 아이들이 가족의 일원이듯이. 아이들이 없다면 가족 자체가 달라지겠지. 아이들이 그러는 것처럼 암 세포도 다른 구성원들이 감당할 수 있는 것보다 더 많은 것을 요구하며 이기적으로 굴 수도 있어. 그렇다고 나의 아이들이 나의 적은 아니잖아? 나의 질병도 마찬가지야. 적이라니 당치도 않아. 병은 영적으로 명료해지도록 나를 깨우고, 깊은 묵상으로 나를 이끌고, 신실하고 평화롭게 하나님을 추구하게 하고, 기도하게 하고, 아버지 하나님과 나 사이에 길을 여신 예수님께 감사하게 해. 그리고 예수님이 모든 아버지와 모든 자녀들 사이에 이루신 화해를 깊이 묵상하게 해. 이 묵상은 병으로 말미암아, 그리고 죽을 운명이라는 확신으로 말미암아 더 참을성 있어지고 더 자연스러워져.

보다시피 암은 나에게 많은 복을 안겨주었어.

그러나 전쟁, 그래 전쟁이라는 용어는 아주 많은 것들을 이해하는 보편적인 수단이 되고 말았어. 가난과의 전쟁, 테러와의 전쟁처럼 말이야. 우리는 통계와도 싸우지. 지지율을 표시하고 경쟁자를 깎아내리고 등급을 매기는 통계 말이야. 우리는 사람들을 이해시키고 대중이 요구하는 상태에 우리를 맞추지 않으려고 대중매체를 대포로 사용하는 거야. 우리는 선거에서 승리하려고 막대한 군자금을 가지고 싸워. 그리고 일단 전쟁이 끝나면 전투적인 용어들이 연기처럼 사라지길 바라지. 부시가 했던 말이 있어. "나는 로데오 경기를 치렀다." 선거를 전쟁이라 표현하면 거짓말 전쟁쯤 될까? 나는 해석적 편협함이 마음의 편협함을 드러낸다고 믿네. 우리의 경험이 언어적 무기고와 지속적인 갈등으로 점점 더 좁아지고 있어. 성장하지 못해. 어떻게 성장할 수 있겠나? 익숙한 삶을 방해하는 암과 같은 모험을 통찰하고, 새로운 것을 발견함으로써 삶을 풍성하게 만드는 대신, 오래되고 낡은 사고 패턴을 강요함으로써 모험을 축소해버리는데. 낡은 사고 패턴은 모험을 산산이 부수어 미지의 세계로 밀어 넣어 버리지. 그렇게 모험

   암의 나라에서 온 편지

은 운동장에서 벌어지는 싸움으로, 일간 뉴스로 전락하고 말
아. 새로운 것은 아무것도 없어. 우리를 영원히 새로운 빛 속
으로 부르는 건 아무것도 없어.

　집사람과 나는 이 모든 여정에 함께해준 자네들에게 고마
워하고 있네. 우리는 한 부족이야. 십대의 변덕스러운 방황을
함께 견뎌내는 것처럼 자네들은 세포의 변덕스러운 선택을
함께 견뎌준 사람들이야.
　실제로 편지를 받는 사람이 없다면 내가 쓰는 이 편지는 울
림도 없었을 테고 규모 없이 늘어졌을 거야. 자네들이 있어서
자네들을 생각하며 마음을 모아 글을 쓸 수 있는 거야. 마치
찬송을 부르는 회중에게 둘러싸여 있는 느낌이야. 컴퓨터 앞
에 앉아 자네들에게 편지를 쓰는 지금이 그렇다네.
　새 소식이 도착하면 다시 쓰겠네.

월트

#19

린다 데이비스에게 개인적으로 보낸 편지

친 애 하 는   린 다 ,

　지난 8월 예배학 첫 수업을 기억할 거야. 가을 학기였지. 더위 때문에 낮에는 찜통이었어. 벌써 오래 전 일 같구나. 그때 난 학생들에게 암 이야기를 하기로 마음을 먹었단다. 학생들이 내 주변에서 발소리를 죽이고 조심하는 것도 싫었고, 수업 시간에 주의가 산만해지는 것도 바라지 않았어. 그래서 감정을 실지 않고 객관적으로 내 상태를 설명했지.

　넌 울더구나.

　그 모습을 보았단다.

　　　　　　　　　　　　　　　　암의 나라에서 온 편지

그때는 아니지만, 몇 주 후에 너는 나와 연구실까지 함께 걸었지. 수업이 끝나자 너는 다른 사람이 다 나갈 때까지 노트와 책을 뒤적이며 시간을 보냈어. 네가 나와 보조를 맞추는 게 자연스럽게 느껴졌단다. 나는 산소통을 달고 있었지.

"안녕하세요?" 네가 조심스럽게 입을 열었어. 적절한 인사말을 찾고 있는 것 같더구나. "어떻게 생각하세요? 그러니까 제 말은… 죽음이 가까이 다가왔는데 그 상황을 어떻게 다루고 계시는지…. 어떻게 지내세요?"

우린 재킷을 입고 있었지. 너도 그랬는지 모르겠지만 나는 그랬어. 차가운 바람을 막아야 했거든. 날씨가 더운데도 한기를 느끼기 시작했으니까. 다시 몸이 따뜻해지진 않을 거 같구나.

내가 어떤 대답을 했는지 기억해보렴. 기억할 거야. 내가 설교하는 동안 설교를 기록하는 사람이라면 자세한 내용을 기억하기 마련이니까. 잊지 않지.

"오른손에 죽음을 살짝 쥐고 있단다." 이 말을 하고서 나는 손바닥을 위로 향하게 펴고 두 손을 올렸다 내렸지. 그리고는 왼손으로 오른손을 받치고 계속해서 올렸다 내렸어. "죽음 혹은 삶, 어느 것이든 내게는 선물이란다. 어느 한쪽을 다른 쪽보다 더 갈망하지는 않아."

그날 네게 한 말은 사실이야. 넌 그 대답에 만족한 것 같았어.

그럼에도 그때 이후로 그 일을 계속해서 생각했단다. 나는 왜 그토록 심각한 문제에 대해 이렇게 초연한 걸까? 무엇이 나를 불안에서 벗어나게 한 걸까? 다른 사람에게 이걸 어떻게 설명할 수 있을까? 너에게 어떻게 설명할 수 있을까? 나는 너에게 지금 느끼는 기분 외에도 많은 것을 빚지고 있단다. 만일 네게 "난 괜찮다"라고만 말한다면, 아무 의미가 없었을 거야. "난 괜찮다"라는 말을 들었다면 너는 그저 '죽음에 직면해서도 괜찮을 수 있구나' 그 정도만 생각했겠지.

그러면 어떻게 이런 평화가 찾아왔을까?

괜찮다면 다시 한 번 너의 선생으로서 성경을 인용해 내가 누리는 평화의 본질에 대해 이야기할까 한다.

일종의 수업이니 참아주길 바란다.

요한복음에서 예수님이 나사로를 불러내신 구절을 기억해보렴. "나사로야 나오라!" 이것도 기억해보렴. 막달라 마리아가 예수님의 죽음과 자신의 죽음으로 힘들어할 때 예수님이 단 한마디로 그의 삶을 되돌려놓으신 일 말이야. 예수님은 그의 이름을 부르셨지. "마리아야."

린다, 내 소중한 학생이며 친구여. 이렇게 이름을 부르신 거야.

구약성경에 나타난 몇몇 사건들로 넘어가 보자꾸나.

창세기 1장 1절-2장 23절

창조하실 때 하나님은 하나가 아니라 두 가지 언어를 사용하셨어.

순수한 창조의 발언이 있었어. 하나님이 무에서 그것을 부르시기 전까지는 존재하지 않았던 것을 하나님은 존재하게 하셨어. "빛이 있으라!" 이것은 명령이 아니었단다. 빛은 창조주에게 순종하고 창조주에게 달려오기 위해 형성되어야 했던 게 아니야. 빛은 무의 동굴에서 나와 하나님을 향하여 뛰는 불타는 말 같지 않았어. 그것은 지금도 마찬가지야. 이 언어는 성부 하나님이 처음에 빛을 만들 때 사용한 청사진도 아니었고, 나중에 빛을 빚어내는 데 사용한 디자인도 아니었어.

하나님이 창조하신 언어의 특성에 가까운 상상의 이미지로 설명해보마. 어린아이들은 하나님이 입이 있는 육체라고 상상해. 신을 인격화하는 거지. 이제 하나님이 멋진 입을 여셨다고 생각해보렴. 창조하는 말씀과 창조된 피조물을 동시에 생각해봐. 빛이 하나님의 입에서 흘러나오는 것을 상상해보

렘. 그것이 말씀이고 그것이 피조물이란다. 그것들은 하나야. 이것은 창조주가 오직 자신을 위하여 보유하고 계신 언어야. 그분 이외에는 아무도 그런 말을 할 수 없어.

한편, 창조하실 때 전능하신 하나님은 또 다른 언어를 사용하셨단다. 이것은 이미 창조된 피조물에 이름을 부여하는 언어야. 빛을 창조하시자 빛의 반대도 존재하게 되었지. 하나님은 그 둘을 갈라놓으셨어. 그래서 둘은 계속해서 서로를 교체하고 있지. 빛의 창조는 곧 시간의 창조였거든. 하지만 들어보렴. "하나님이 빛을 낮이라 부르시고 어둠을 밤이라 부르시니라."

하늘에 대해서도 똑같이 하셨어. "하나님이 궁창을 하늘이라 부르시니라."

아래 모인 물은 '바다'라는 이름을 갖게 되었지.

마른 뭍은 '땅'이 되었어.

하나님이 인간에게 사용하라고 주신 건 바로 이 두 번째 언어란다.

"여호와 하나님이 흙으로 각종 들짐승과 공중의 각종 새를 지으시고 아담이 무엇이라고 부르나 보시려고 그것들을 그에게로 이끌어 가시니 아담이 각 생물을 부르는 것이 곧 그 이름이 되었더라."

  암의 나라에서 온 편지

이름 짓기에 관해 한 가지 더 생각해보자.

각각의 이름은 진흙에서 창조된 인간을 위한 손잡이가 아니란다. 각각의 이름은 피조물을 마음속으로 가리키는 지시 대상이 아니야.

아니고말고. 히브리 성경에서 이름을 짓는 건 하나의 사건이었어. 이름을 짓는 행위는 이름을 부여받은 피조물에 세 가지 변화를 만들어냈어.

1. 이름을 부여함으로써 피조물을 미지의 어둠에서 끌어냈어. 우리가 그 피조물의 이름을 모를 때는 그것을 알 수도 그것에 대해 이야기를 할 수도 없었어. 이름을 통해 피조물은 우리의 어휘 안으로 들어왔고, 또 우리의 지식 안으로 들어왔어.

2. 이름을 부여받음으로써 그 피조물은 이름을 부여받은 다른 피조물들과 관계를 맺게 돼. 단어들(이름들)이 문장 안에서 사용될 때 그 단어에 관해 생각해보렴. 명사는 더 이상 혼자가 아니야. 어순과 관계와 군락에 따라 자기 자리가 정해져. 그렇게 명사는 모든 것들을 위해 쓰여.

3. 종종 피조물의 존재 목적을 선언하는 이름이 있어. "이스라엘아, 너희가 내게 대하여 제사장 나라가 되며." 제사장직은 이 세상에서나 이 세상을 위해서나 놀랍고 성스

러운 이스라엘의 존재 이유란다. 이름을 짓는 행위가 우리를 쓸모없음이라는 지옥에서 구해낸 거야.

이제 우주의 조각들, 동물의 이름을 짓는 행위에 담긴 창조적 힘을 기억해보렴.

창세기 32장 22절-32절

밤새도록 천사와 씨름한 야곱의 이야기가 있다. 두 거인들 사이에 맺은 강력한 계약이지. 한쪽은 사람들의 조상이고 다른 한쪽은 하나님의 현존이야. 누가 이길 것 같니?

천사와 야곱이 씨름하면서 나눈 짧은 대화를 다시 한 번 들어보자.

"그 사람이 그에게 이르되 네 이름이 무엇이냐?"

"그가 이르되 야곱이니이다."

야곱이라는 이름에는 '기만적인 강탈'이라는 의미가 담겨있단다. 야곱은 형 에서에게서 장자의 명분과 복을 훔쳤지. 외삼촌 라반을 속여 상당한 재산을 취하기도 했어. 야곱의 이름은 이름의 주인이 어떤 사람인지를 보여주었어.

그러자 야곱을 상대하는 전능한 적수가 말했단다. "네 이름을 다시는 야곱이라 부를 것이 아니요. 이스라엘이라 부를 것이니 이는 네가 하나님과 및 사람들과 겨루어 이겼음이니라.”

이름을 바꿈으로써 하나님은 야곱의 존재, 그의 인격, 관계, 존재의 목적을 바꾸셨단다. 이스라엘은 “하나님과 겨루는 사람”이라는 뜻이야. 말재간 같기도 하지. 야곱은 항상 하나님과 겨루었어. 보기에는 에서나 라반, 그 밖의 다른 사람들과 겨루는 것 같았어도 사실은 하나님과 겨루었던 거야. 그러나 이제부터 그는 하나님을 위하여 겨루게 될 거야!

출애굽기 3장 4절

하나님이 “모세야 모세야” 하고 부르실 때 양치기 모세는 “내가 여기 있나이다”라고 대답했어. 당시에 그런 반응이 아주 흔했다손 치더라도 그 대답은 인간의 달콤한 선언이야. 나는 당신과의 관계 안에 거한다는 선언. 나는 이름 안에 거하므로 내 이름을 부르는 당신의 음성 안에 산다는 선언. 당신의 현존 안에 내가 있다는 선언.

모세의 이름을 부르자 모세의 전 존재가 하나님의 말씀 안에 존재하게 된 거란다.

요한복음 1장 42절

"[안드레가] 데리고 예수께로 오니 예수께서 보시고 이르시되 네가 요한의 아들 시몬이니 장차 게바라 하리라 하시니라(게바는 번역하면 베드로라)."

그리스도의 말씀이 그의 '반석'에, 그리고 반석을 위해서 끼친 변화를 생각해보렴.

요한복음 10장

린다야, 내가 죽음의 문턱에서도 평화를 누리는 진짜 이유는 여기 있단다.

요한복음 10장에 나온 거룩한 목자와 그의 양떼의 관계에 주목하려무나.

"양은 그의 음성을 듣나니 그가 자기 양의 이름을 각각 불러 인도하여 내느니라. 자기 양을 다 내놓은 후에 앞서 가면 양들이 그의 음성을 아는 고로 따라오되 타인의 음성은 알지 못하는 고로 타인을 따르지 아니하고 도리어 도망하느니라."

양들은 목자의 음성 안에서 보증과 보호를 발견한단다. 더구나 목자는 한 마리씩 양의 이름을 부르잖니. "양의 이름을 각각 부름"으로써 무엇을 이루는 걸까?

계속 읽어보자.

"나는 선한 목자라. 나는 내 양을 알고 양도 나를 아는 것이 아버지께서 나를 아시고 내가 아버지를 아는 것 같으니 나는 양을 위하여 목숨을 버리노라. 또 이 우리에 들지 아니한 다른 양들이 내게 있어 내가 인도하여야 할 터이니 그들도 내 음성을 듣고."

다시 음성이 나오지. 그 음성을 듣고 우리는(주님께서 우리에 들게 할 다른 양들은 누굴까) 주님을 알게 되고 그가 우리를 위하여 죽으신 것을 알게 된단다.

이 강력한 음성에 관한 이야기가 또 나오는구나.

"내 양은 내 음성을 들으며 나는 그들을 알며 그들은 나를 따르느니라. 내가 그들에게 영생을 주노니 영원히 멸망하지 아니할 것이요. 또 그들을 내 손에서 빼앗을 자가 없느니라. 그들을 주신 내 아버지는 만물보다 크시매 아무도 아버지 손에서 빼앗을 수 없느니라. 나와 아버지는 하나이니라."

구주가 우리의 이름을 부르심으로써 우리가 얻게 되는 결과는 바로 영원한 생명이란다.

린다야, 예수님은 자신이 몹시 사랑하셨던 나사로를 어떻게 죽음에서 일으키셨니? 그분은 죽은 사람의 이름을 부르셨 단다. "나사로야!"

예수님은 자신의 죽음을 슬퍼하는 막달라 마리아를 어떻게 소생시키셨니? "마리아야."

이렇게 이름을 부르셨어.

그분은 내 이름도 부르실 거란다.

죽음에 이를 때 나는 어떤 상태일까? 경험에 비추어 말할 수는 없어. 존재하지 않는 자가 어떻게 존재하지 않는 상태를 경험할 수 있겠니? 경험이 지닌 힘과 감명이 모두 멈췄는데 말이야. 내 상태는 소멸된 존재겠지. 완전히 썩고 인격이 사라진 수프. 하나님이 창조하신 나는 탄생 이전의 상태, 아직 창조되지 않은 존재로 퇴화되겠지. 아무것도 모르는 상태일 거야. 아는 능력은 모두 사라져버렸을 테니까. 그리고 그 능력과 더불어 인식의 주체인 나도 사라졌을 테지.

그러나 그때 창조하는 언어가 내가 없는 부재에 임할 거야. 그리고 창조하는 말씀이 나오겠지. 창조주가 세상을 창조하며 피조물의 이름을 지으실 때 사용했던 두 번째 언어를 예수 님이 사용하실 거야.

사람들에게 야곱처럼 새로운 이름을 지어준 거룩한 말씀,

그 언어가 내게도 쓰일 거야.

목자가 오실 거야. 그분은 깊게 울려 퍼지는 음성으로 내 이름을 부르고 나를 인도하실 거야.

죽은 내게 말씀하시겠지. "월터야!"

그러면 나는 다시 존재하게 될 거야.

창조하는 언어는 내게 그분의 음성을 들을 귀를 줄 거야. 그분의 음성을 아는 신비를 허락해주실 거야. 그러면 나는 나사로처럼 일어나겠지.

막달라 마리아처럼 나는 죽음이 불러온 절망과 비통한 눈물, 고통을 헤쳐 나올 거야.

"월터야." 예수님이 말씀하실 거야. 그러면 내 영혼은 즉시 예수님을 알아보겠지. 내 이름을 다시 부르시는 그분의 낯익은 음성이 울려 퍼지는 빛 가운데 나는 나를 알고 내가 누군지도 알게 될 거야. 그러므로 그게 나라는 것도 알게 되겠지!

마리아는 "내가 주를 보았다!"라고 소리쳤어. 나는 이렇게 외칠 거야. "내가 내 옆에 계신 주를 봅니다. 오 하나님, 저는 모세입니다. 하나님이 내 이름을 부르시고 대답할 힘을 얻었으니 "내가 여기 있나이다!"

부활한 거란다.

그러므로 지금 나는 죽음과 삶을 가볍게 쥐고 있단다. 그리될 삶 말이다.

린다야, 물 건너 저쪽 기슭 너의 자리에서 평안하렴. 뉴기니에 있지? 잠시 이방인이 되는 것은 마지막 날에 그리스도와 함께 이 땅에 임하는 것과는 아무 상관이 없단다. 그분이 어깨에 맨 양은 이방인이 될 수 없거든. 양은 집으로 돌아가는 중이고 곧 집에 닿을 거야.

나는 죽음을 위해 기도하지 않는단다. 죽음이 조금 일찍 찾아온다고 해도 괜찮아. 이 세상과 세상의 지도자들에게 실망할 때가 아주 많단다. 그 일들이 내 마음을 아프게 해. 전망은 빛을 잃고 적대감을 끌어당기는 명성은 유명 인사들을 움츠러들게 만들지. 끔찍하고 어리석고 오만하고 허풍이 심한 지도자들! 어쩌면 이렇게 세상을 엉망으로 관리할 수 있지? 산업에는 영혼이 없어. 자신의 건강과 성장, 자아, 자기 시대를 위해서만 움직여. 탐욕스러운 우두머리들이 떠오르고 다시 떠올라 산업의 물결을 되살리면서 자신들의 종말을 막을 수만 있다면 무슨 일이든 하지. 이런 불평을 쏟아내는 나를 이해하렴.

나는 이사야 2장에 묘사된 왕의 의를 갈망한단다.

그러나 죽음을 항상 탈출로만 여길 필요는 없단다. 결국 나는 너와 다른 이들이 내게 안겨준 평화 속에서 떠날 거야. 너

는 세상을 구할 고마운 사람들을 대표한단다. 내 아이들과 손
주들은 자기들이 이룬 가정 안에서 선한 마음을 찾아낼 거야.

이 세상에 의를 지키려는 사람이 아무리 적어도 하나님은
이 세상을 멸망시키지 않으시리라 믿는다. 그 사실이 위로가
된단다. 나는 영원히 싸울 필요가 없어. 나는 잠들 수 있단다.

월트

따스한 그분의 손길로

할 이야기가 있다. 마지막이 다가오는 것 같았던 작은 부활에 관한 소소한 이야기다. 지금으로부터 27년 전, 1982년 늦은 겨울에 나는 가슴 엑스레이 사진을 찍었다. 오른쪽 폐 아래 둥근 부분에서 검은 점이 여러 개 발견되었다. 종양이라고 확신할 수가 없어서 기관지 내시경 검사를 하기로 했다. 입원할 필요는 없었다. 의사들이 내 코에 아주 작은 카메라가 달린 관을 집어넣었다. 목과 기관지를 거쳐 의심스러운 부분에 닿을 때까지 깊숙이 밀어 넣었다.

검사실 불을 환하게 켜고 목구멍 뒤쪽에 국소마취제를 뿌린 다음 의사들은 내 안을 들여다볼 준비를 했다. "반사작용이 일어나지 않도록 마취제를 뿌렸습니다." 워델 박사가 말했다.

좁은 관이 올라갔다가 내려간 다음 아래로 깊숙이 들어갔다. 이물질이 침입해 움직이는 것이 얼핏 느껴졌다. 그런데 목적지에 다다르기 전에 내시경 머리 부분이 부드러운 조직을 통과하다가 부서지는 바람에 출혈이 생겼다. 폐에 피가 가득 찼다. 나는 말처럼 푸푸거리기 시작했다. 마치 그 액체를 기침으로 다 뱉어낼 듯이. 하지만 관이 내 후두를 벌려 놓았고 피는 너무나 깊은 곳에 있어서 토해낼 수가 없었다. 금속 검사대 옆에 앉아 나는 공황 상태에 빠졌다. 크게 소리칠 수도 없어서 속으로 비명을 질렀다. '익사할 거 같아!'

의사들이 조직 검사를 위해 집어넣었던 작은 카메라를 꺼냈다.

워델 박사가 말했다. "이건 위험해서 안 되겠습니다."

그는 개흉 수술을 권했다. 의사들이 내 가슴을 열고 오른쪽 폐 가장 아래쪽에 있는 둥근 부분을 제거하기 위해 오른쪽 옆구리 갈비뼈 안에 손을 넣을 터였다.

"회복하는 데 시간이 꽤 걸릴 테니 준비하세요."

"얼마나 오래요?"

"다 회복되려면 6주가 걸립니다."

그럼에도 우리 부부는 수술에 동의했다.

수술 당일에는 친구들이 집사람과 함께 있어주었다. 나는 이동 침대에 누워 복도를 따라 내려갔다. 집사람은 내 옆에서 침대를 따라 걸었다. 우리는 손을 잡았다. 아이들은 열두 살, 열한 살, 아홉 살, 여덟 살이었다. 나는 아이들을 생각했다. 그리고 크림 빛깔 회전문을 지나 3번 수술실로 들어갔다.

입원하기 전날 밤, 나는 서재 한가운데 앉아 있었다. 서가에 꽂힌 책의 제목을 천천히 하나씩 훑어보았다. 안 읽은 책이 아주 많았다. 이 책들을 전부 읽으리라 마음먹었었다. 앞으로 내가 쓸 책의 자료가 될 책이었다. 나는 의자에 앉아서 내 미래에 생긴 커다란 구멍을 이해하려고 애썼다.

"월트 씨, 숫자를 거꾸로 세어보실래요? 백부터 거꾸로 세어보세요."

이내 의식의 끝, 기억의 끝에 다다랐다. 아득한 무의식의 세계로 들어갔다.

다시 정신이 든 것은 수술 후 스물네 시간 이상 지난 뒤였다. 내가 의식을 잃고 있는 동안 무슨 일이 있었는지 집사람이 이야기해주었다.

내가 수술실로 들어가고 한참 뒤에 워델 박사가 대기실에 와서 집사람에게 수술이 잘 진행되고 있다고 말했다. 집사람을 위로하던 사람들은 기도한 다음 집으로 돌아갔다.

     암의 나라에서 온 편지

집사람은 대기실에 혼자 남았다. 대기실에 계속 있을지(그러고 싶었다), 집에 갈지, 그것도 아니면 잠시 눈을 붙일지(간호사가 그러라고 권했다) 망설이면서.

한두 시간 안에 결정을 내려야 했다.

갑자기 간호사가 황급히 들어와 내게 출혈이 생겼다고 전해주었다. 출혈로 인해 뱃속에 피가 차고 있었다. 의료진은 다시 내 가슴을 열고 찢어진 정맥을 찾아야 했다. 상태가 안정되면 바로 외과 전문의가 돌아올 터였다.

그러나 나를 다시 회복실로 옮겼다는 소식은 한참 뒤에야 들렸다. 관과 모니터를 뜯어내지 못하도록 내 양팔은 납작한 판에 테이프로 고정되어 있었다.

당시 나는 이런 사실을 전혀 모르고 있었다. 다음날, 그 다음날까지도 아무것도 몰랐다. 정확히 며칠 동안이었는지 기억이 안 난다.

어두운 꿈속을 헤맸던 기억이 난다. 형체나 모양이 없는 존재였다. 의식은 거의 없었다.

그런 다음 나는 뺨이 생겨나는 걸 느꼈다. 실제로 따뜻한 감각이 내 뺨에 모양을 부여했다. 내가 무언가를 생각했다면, 뺨을 생각했을 것이다. 뺨. 새로 태어난 내 뺨!

그다음에는 이마가 생겼다. 그다음에는 눈꺼풀. 눈을 감고 있어서 아무것도 보이지 않았다. 그다음에는 위턱과 아래턱. 그다음에는 갑자기 손등이 뜨끈해졌다.

이런 몇 가지 속성으로 나머지 부분을 만들어갔다. 그런 다음 나의 조각들이 어떻게 다시 존재하는지 알아차렸다.

집사람이 어둠 속에서 내 곁을 지키고 있었다. 손으로 나를 쓰다듬고 있었다. 내 뺨과 이마, 나머지 부분들을 하나하나 쓰다듬고 있었다. 나는 갓 태어난 아이처럼 아무 생각도 없었다. 손. 내 아내의 사랑스러운 손길에 대해서도 생각하지 못했다. 내 꿈속에서 아내의 손은 존재하지 않았다. 그러나 손의 따뜻한 느낌은 존재했다. 나는 이유를 알기 전에 그 온기를 알았다. 내 자아를 새롭게 했던 관계를 아직 묵상할 수 없었을 때 나는 나 자신을 먼저 알았다.

아기들이 세상을 인식하는 방법이 이렇지 않을까. 먼저 자아를 느끼고 생각함으로써 쓰다듬고 포옹하고 돌보는 부모와 의사소통하는 게 아닐까.

이런 식으로 죽은 자가 다시 생명을 얻는 게 아닐까 생각했다. 사랑으로 어루만지는 예수님의 손길을 느끼면서 말이다.

#20

2007년 3월 4일

요즘 나는 엉망진창에 사람들의 관심도 못 받고 이제 막 전투가 시작된 전선에서 조만간 뒤따라올 사람들에게 전갈을 보내는 통신원 같다는 생각이 들어. 아마 오랫동안 지켜보아야 할 거야. 포격을 받고 흘러내리던 피가 멎은 뒤 이런저런 변화를 견디면서 천천히 드러나는 후유증을 지켜보는 중이야. 치유가 느린 오래된 상처들을 지켜보는 중이라고도 할 수 있지. 유별난 외래환자 월터 리드의 깊은 상처, 심리적이고 부수적인 상처 말이야.

좋아. 통신원이 진짜 양심적이라고 해두자. 통신원은 엄청

225

나게 자극적이고 대단히 폭력적인 보도를 좋아하는 독자들에게 휘둘리기 마련이야. 대중매체는 미지근하거나 미묘한 사건, 격렬하지도 않고 긴장감도 없는 사건에는 털끝만큼도 관심이 없으니까. 그렇지만 내가 보도할 내용은 전혀 흥미롭지 않아. 여기에는 촘촘하게 짜인 격렬함이 없네.

친구들과 멀리 있는 내 가족들,

자네들을 위해 이 글을 써. 자네들이 관심을 보여주는 덕분에 지금도 열심히 관찰하고 있어. 그리고 암을 앓기 전에는 어림도 없었던 통찰력을 발견하고 있어. 자네들 덕분이야. 그러므로 이 글은 암의 나라에서 보내는 편지라 할 수 있어.

병이 몇 달이 아니라 몇 년간 이어지면서 사람들을 괴롭히는 것도 문제야. 생명에는 지장이 없는 병을 오래 앓는 사람들 이야기야. 이들에게는 특정한 증상과 질병이 끼치는 영향보다 마음의 괴로움이 더 오래 남기도 해.

나도 어느새 지쳤어. 끝이 없어. 육체는 항상 기진맥진한 상태야. 병이 다른 필수 에너지까지 빨아들이거든. 그래서 심리적으로도 지치게 만들어. 거기다 내가 분류할 수 없는 피곤함도 있어.

잠깐 동안 지금 이 생각을 잊지 말게나.

　　　　　　　　　　　　　암의 나라에서 온 편지

기력이 있을 때 나는 대체로 좋은 사람이야. 정말 좋은 사람이 되고 싶어 하니까. 재치와 건전한 생각, 죄책감, 진심 어린 친절은 사실 이기적이고 때로는 악의적이기까지 한 나의 천성을 조절하는 수단이야. 맞아, 내 안에 있는 '옛 아담'을 말하는 거야. 하지만 이것을 인간의 유전자 안에 있는 애매한 실수로 이해받고 싶지는 않아. 그게 아니야. 내 영혼 안에는 특별히 악한 행위가 있어. 내 성격에서 비롯된 것들이지. 한심하고 비열하기 짝이 없는 오만, 작은 도발도 가만 못 두는 무능함, 짜증을 잘 내고 보복하고 싶어 하는 욕망 등등. 나는 진실로 원죄를 물려받은, 인간이라는 종족의 일원이야. 그러나 이런 행동은 나의 성격 탓이야! 내가 죄를 짓는 건 그래서야. 나는 나의 잘못된 행동을 잘 알아. 그래서 피곤하지 않으면, 그런 행동들이 밖으로 공공연하게 드러나지 않도록 조절을 할 수가 있어.

허나 긴 병으로 지치다 보니 무력해져. 조절할 힘이 없어.

자제력이 없어서 생기는 골칫거리들은 나에게만 영향을 미치는 게 아니야. 주목하지 않았던 죄, 제어가 안 되는 죄가 나의 친구와 가족, 아내를 공격해. 선을 행하려는 의지가 동물원에 울타리를 쳤는데, 사자가 울타리를 뚫고 나온 셈이야. 그 탓에 내가 가장 사랑하는 사람들이 고통을 받아. 나의 불

친절한 행동이 나를 벌거벗기고 고립시켜. 내가 행한 못된 행실이 나에 대한 평판을 떨어뜨릴 수도 있어. 기진맥진한 상태에서 나를 가장 골치 아프게 하는 문제가 바로 이거야. 그럴 자격도 없으면서 골칫거리들을 한껏 쏟아놓고 있다네. 그러나 나를 가엽게 여기는 가족과 친구들의 마음을 이용해 끊임없이 이어지는 불평, 음울한 불만, 신랄하고 눈에 보이지도 않고 당황스럽기 그지없는 상처들은 나의 죄책감과 슬픔을 치료하지 못해.

그래서 옛 아담의 자유가 어떤 결과를 빚어냈는지 잘 아는 나는 하나님의 자비를 온전히 신뢰할 수밖에 없어. 내게 절실히 필요한 자비를 베풀 수 있도록 사람들을 자비롭게 하는 하나님의 자비 말일세. 내게는 이것이 곧 용서 같아. 내가 상처 입힌 그들이 예수님의 이름으로 치유되었으니 말이야.

3주 전, 갑자기 내 동생 마이클이 죽었어. 콜로라도 주 덴버에서 살고 있었지. 하지만 부모님이 있는 콜로라도 주 스프링스에서 죽었어. 마이클은 쉰여덟 살이었어. 죽음을 갈망했지.

내가 암에 걸렸다는 사실을 알았을 때 다른 형제자매, 부모님, 사촌형제들을 제치고 누구보다 먼저 전화한 사람이 바로 마이크였어.

자기도 지칠 대로 지쳐 괴로워하면서 그가 내게 건넨 첫 말은 "형. 어떡해…. 형도 알잖아? 암에 걸려야 할 사람은 바로 나란 걸."

마이크는 내게 찾아올 죽음을 시샘했어.

나는 그를 알아. 세례를 받은 후 마이크의 성격이 어땠는지 얼마나 복잡한지 알고 있었어. 내가 눈앞에서 지켜본 첫 번째 세례식이 마이크의 세례식이었어. 생생하게 기억이 나. 마이크는 우아하고 아름답고 매력적인 아이였어. 반짝이는 흑갈색 눈동자에 미소를 지을 때면 생기는 보조개가 무척 사랑스러웠어. 두상과 이마와 얼굴은 도자기처럼 고왔지. 이 아이에게는 멍든 곳도 찌그러진 곳도 없었어. 중세 화가가 예수님을 그릴 때 모델로 삼았을 법한 얼굴이었어. 마리아의 무릎에 기댄 어린아이처럼 흠잡을 데 없었지.

내 마음에 비친 이 나긋나긋하고 지친 영혼은 그냥 쉰여덟 살의 고인이 아니야. 매력 있는 소년이야. 에드먼턴에 있는 버지니아파크 초등학교에 처음 입학한 활기찬 소년이고, 사형제 중 넷째로 등하굣길에 저보다 큰 형들을 따라잡으려고 열심인 아이였어. 독서와 학업에서도 형들을 따라잡으려고 애썼고 넓은 세상에 들어가는 일에도 열심을 부렸지. 형제애! 마이크는 늘 웃는 얼굴이었어. 매년 크리스마스에 어머니는 우리 사형제에게 똑같은 플란넬 셔츠를 사주셨어. 마이크는 결속을 상징하는 이 셔츠를 입고 누구보다 즐거워했지.

그러나 1학년이 되자 어려운 일들이 줄줄이 생겼어. 특히 읽는 걸 어려워했어. 당시에는 난독증을 이해하는 사람이 거의 없었고 병명조차 존재하지 않았어. 난독증이 있는 사람을 그저 게으른 사람이라고만 생각했지. 사람들은 이 장애를 선천적인 반항심, 복종할 줄 모르는 외고집이라 여기고 노력이 부족하다고 생각했어. 돌이켜보면 그때가 내 동생이 죽기 시작한 때였어. 자신도 어떻게 할 수 없는 것 때문에 경멸을 받고 벌을 받았으니까. 4학년에 올라간 마이크가 식탁 밑에 몸을 웅크리고 울면서 애원하던 일이 생각나. "내버려 둬. 내버려 두란 말이야."

마이크는 놀라울 정도로 아름다운 검은 눈동자를 지닌 타고난 운동선수였어.

베트남전에도 참전했어. 이십대 후반의 격정을 전쟁의 화염에 휩싸인 우울한 정글 속에 쏟아 부었지.

그래도 결혼은 근사했어. 결혼 한 뒤 마이크는 어린 시절의 웃음과 감사를 다시 찾았어.

언젠가 그에게 물었어. "뭐가 널 바꾼 거니?"

"사랑." 마이크가 대답했어.

"그래, 제수씨가 너를 사랑하지." 내가 말했어.

"아니, 내가 아내를 사랑해서야." 마이크가 말했어.

동생 부부는 아들만 셋 낳았어. 다들 반짝이는 눈망울을 가지고 있었지. 한 아이는 양 볼에 움푹 팬 보조개가 있었고, 또 다른 아이는 우유가 고체와 액체로 분리될 때처럼 알아듣기 힘든 소리를 냈어. 막내는 얼마 못 살았어. 막내아이의 죽음 때문에 마이크는 오랫동안 괴로워했지. 오, 마이크!

그런데 정확히 3주 전에 마이크가 죽었어. 그날 밤 죽은 건 내 동생 마이크의 모든 것이었어. 죽어가던 그의 모든 부분이 종말에 다다른 거야. 마이크의 전 생애를 돌아보면 잘못이 거의 없다고 해도 좋을 정도야. 하지만 그는 너무나 많은 죄책감을 짊어지고 살았어. 죽기 전 몇 해 동안 마이크는 일을 해야 한다는 강박에 시달렸어. 그러나 결국 그것이 그를 부서뜨리고 말았어. 배은망덕했지. 아름다운 소년! 아름다운 젊은이! 아름다운 남자! 그 모든 것이 죽어갔어. 그러나 마이크의 모든 것이 지금 내 마음속에 살아 있어. 가나안 땅처럼 넓게 펼쳐져 있어.

오, 사랑하는 마이크! 네 사랑이 타올랐구나. 사랑이 너를 악화시켰어. 너는 사랑을 주었으나 받지 못했지. 순수한 사랑은 아주 뜨거워서 더 활활 타오르는 법이야. 너를 생각하면 내 작은 감정 저장고와 빈곤한 재치와 빈약한 의지가 사랑의 불길에 까맣게 그을리고 만다.

너무 슬퍼서 제대로 숨을 쉴 수가 없어.

약해. 나는 더 약해졌어.

약해져서 감정을 억누르기가 어려워. 아담의 포효를 제어하기가 힘들어. 저돌적인 사랑 때문에 나는 더 많은 죄를 지어. 그래, 이런 식으로는 절대로 내 동생에게 경의를 표할 수 없어. 그래서 더 미안해.

그러나 내가 죽어가는 것에 대해서는 한 번도 슬퍼한 적이 없어. 한 번도. 차분하게 완성을 향해 나아가고 있다네. 이런 평정심이 예전과 다름없이 현재의 삶을 다양한 경험으로 가득 채우고 결실을 맺게 해주지.

하나님께 기도해. "오 주님, 나의 모든 약함 가운데 나를 강하게 하소서. 내 믿음을 강하게 하소서. 그리하여 성령의 평안을 주사 다가올 죽음을 편안히 맞이하게 하시고, 동생의 죽음에 슬퍼하는 내 마음을 위로해주소서."

용서, 용서를 통해 내가 상처 입힌 이들을 치유해주소서. 하나님, 그것이야말로 눈먼 자들도 볼 수 있는 증거입니다.

내 동생 마이크의 이름을 불러주소서.

월트

                        암의 나라에서 온 편지

#21

6월 6일

친 구 들 에 게 ,

어제 CT 촬영을 했어. 화요일이었지. 오늘은 딸기를 먹고 있어. 다음 주 화요일에는 종양학과 의사들과 같이 어제 찍은 CT 사진을 보고 있을 거야.

딸기!

우리 딸기밭에서 키운 통통하고 달콤한 과일을 따서 먹으며 집사람과 나는 이런 은총을 누릴 수 있다는 사실에 감사했어.

아마 자네들도 기억할 거야. 1년 전 이 딸기밭에 딸기를 심고 내가 했던 생각들. 그때 쓴 편지에 적혀 있을 거야. 삼나무

로 뼈대를 세우고 시장에서 사온 영양토와 우리 밭에 있는 흙
으로 채웠어. 지난 5월에는 적당한 간격으로 딸기 여섯 세트
를 심었지. 여름 내내 꽃잎이 다섯 장 달린 흰 꽃들을 뽑아내
고 조그맣게 올라오는 딱딱한 녹색 열매들을 솎아내 뿌리와
덩굴에 영양분이 고루 흘러가서 녹색 잎이 잘 자라게 했다네.
딸기밭에서 무릎을 꿇고 작은 딸기들을 솎아내는 동안 일종
의 우주적 질문을 떨칠 수가 없었어.

수확은 어떻게 할까? 내가 여기 없어서 식물을 심는 즐거움
을 알 수도 없고 표현할 수도 없다면, 누가 빨갛게 잘 익은 딸
기를 수확할까? 지금 내가 땀을 흘리며 가꾸는 과일을 누가
먹을까?

살아서 올해를 맞으리라고는 기대하지 않았어. 그런데 보
게나. 나는 생명의 주기를 한 번 더 지켜보도록 허락을 받았
어. 동그랗고 소박한 이 열매가 얼마나 우아한지 몰라. 바로
나야! 내가 땀 흘려 키운 열매를 먹는 사람이 바로 나란 말일
세! 나는 죽지 않았어. 집사람과 나는 우리가 사랑하는 사람
들과 함께 내 손으로 심은 딸기를 먹고 있네. 한 해 전 딸기를
심으면서 내 묵상은 한없이 복잡해졌었지. 끊임없이 재창조
하시는 창조주를 생각하느라 말이야.

주께서 주신즉 그들이 받으며 주께서 손을 펴신즉 그들이 좋
은 것으로 만족하다가 주께서 낯을 숨기신즉 그들이 떨고 주
께서 그들의 호흡을 거두신즉 그들은 죽어 먼지로 돌아가나
이다. 주의 영을 보내어 그들을 창조하사 지면을 새롭게 하시
나이다(시 104:28-30).

작년에 대머리가 된 할아버지를 보았던 손주들이 올해 여
름에도 딸기를 심는 내 주변에 모여들 거야. 올해 내 머리칼
은 구불구불한 자루걸레와 딸기밭에 있는 덩굴식물처럼 제멋
대로야. 제법 두껍고 바람이 불면 앞뒤로 움직여. 원래 직모
였던 머리칼이 어떻게 곱슬로 변한 걸까? 마치 갈퀴 같아. 집
사람은 내 머리칼 쓰다듬는 걸 아주 좋아해.

닷새 전에 딸기잼을 4리터 정도 만들었어. 손주들이 오면
먹을 거야. 모든 것이 돌아왔어. 한해살이 딸기가 열렸어. 어
린 딸기들은 생명이 다시 돌아왔음을 의미한다네. 심고 거두
시는 은혜로운 하나님.

어제는 허리춤에 끈이 달린 추리닝 바지와 티셔츠를 입고
있었어. 그리고 금식을 했어. 오후 2시 30분에 방사선과에 가
서 지긋지긋한 서류를 또 작성했지. 그런 다음 서류에 서명하

고 고리 달린 기계가 있는 방으로 안내를 받았어. 거기서 단단하고 좁은 비닐 판자 위에 엎드렸어. 지시에 따라 두 발을 올렸어. 양손으로 머리 뒤에 있는 손잡이를 잡고 기다리다가 숨을 참으라는 지시를 받았어. 금속판은 꼭 혀처럼 생겨서 내가 누우니 마치 나를 통째로 삼킨 것 같았어. 혀가 둥그런 기계 구멍 속으로 쑥 빨려 들어가더군.

"짧게 숨을 들이 쉬세요. 멈추세요."

그런데 들이마신 숨이 얼마 안 되었어.

혀가 부드럽게 움직이더니 화물을 옮기듯 내 몸을 다시 데리고 나갔어.

언제 다시 숨을 크게 내쉬고 들이쉴 수 있을까?

고등학생 때는 올림픽 규격의 수영장을 네 번이나 왔다갔다할 수 있었지. 물 밖에 고개를 내밀고 숨을 쉬지 않고도 충분히 견딜 수 있었어. 그런데 지금 나는 신선한 공기 속에서도 그 정도의 거리를 걸으려면 두 번은 멈추어야 한다네. 찬송가 작가가 말하듯 내게서 숨이 없어진다면, 나는 죽을 거야. 그게 내 암의 활동을 진단하기 위해서라고 할지라도.

이 과정 자체는 고통스럽거나 불안하지 않아. 컴퓨터 단층 촬영이라는 거야. 촬영하려면 엎드려야 해. 나를 겸손하게 만들지.

다음 주에는 검사 결과가 나올 거야.

내가 경험한 것에 대해 사실대로 말하고 있네. 이건 또 다른 고백이야. 의사들을 만나러 갈 때면 여전히 불안해. 내가 자네들에게 상세한 이야기를 한 지 벌써 넉 달이 지났어. 그때 편지에 나와 집사람이 들은 좋은 소식을 전했었지. 전혀 뜻밖에 종양의 활동이 느려져서 거의 활동을 멈췄다는 소식 말이야. 그런데 다른 소식이 있어. 최근에 숨을 내쉴 때마다 가슴이 그르렁거리고 갈라지는 느낌이 들어. 가슴 안에 진한 액체가 있는 것 같아. 내가 들이쉰 공기가 닿을 수 있는 곳보다 더 깊은 곳에. 그래서 자꾸 기침을 해. 기침을 해봐도 간질간질한 느낌은 사라지지 않아. 그래서 또 기침을 하지. 아무리 애써도 가려운 곳에 닿을 수가 없어. 아래쪽으로 회전시키고 폐에 공기가 조금도 남지 않을 때까지 쥐어짜고 싶어져. 내 폐는 화음이 빈약한 아코디언 같아.

그래서 의사가 내 안에서 또 무얼 찾아낼지 자꾸 불안해.

집사람과 나는 장례식의 세부적인 내용에 대해 이야기를 나눴어. 먼지더미에 불과한 이 육신을 어떻게 할까? 어디에 누이면 좋을까?

각막, 피부, 심장, 간 등 내 육체의 이런저런 부분을 기증하

♪ # 21

는 것도 불가능해. 암이 나를 부적격자로 만들었거든. 다른 이들을 위해 몸을 보전할 필요가 없어졌어.

살아 있는 가족이 죽어가는 내 육신을 소중히 여기는데, 관과 납골당과 묘지를 생각하며 위안을 얻을 수 있겠나? 전혀 그럴 수 없다네.

마침내 아브라함은 그의 열조에게 돌아갔어. 당시 부활은 단일한 개념이 아니었으니 아브라함이 열조에게 돌아갔다는 표현은 부활을 언급하는 것이 아니었어. 삶은 죽음 이후 후손들의 삶에서 계속되었지. 열조에게 돌아간 것은 아브라함의 뼈였어. 그의 시체는 살이 썩어 뼈만 남은 동굴에 안치되었지. 이 마른 뼈들은 나중에 아내 사라의 뼈와 합쳐졌어. 그런 다음 그 땅에서 오랫동안 산 이스라엘 조상들의 뼈와 합쳐졌지. 모든 뼈는 동굴 뒤에 있는 작고 오목한 곳에 놓았어.

이런 장례 방식은 예수님 시대와 크게 다르지 않아.

심지어 중세시대에 부활을 기대했던 우리 조상들은 최후의 날에 그들의 영혼이 전부 돌아와 살이 썩기 전 상태인 진흙덩이를 다시 살아나게 할 거라고 보았어. 그런 개념에 기반을 두고 매장을 했지.

순교자들은 화형을 당했어. 하지만 부활의 날에 자신들의 먼지더미를 다시 찾을 수 없을까 봐 두려워하지 않았어.

휴식을 위해 육체를 누인다는 개념은 기독교에서 나왔다기보다는 우리 문화의 영향을 더 많이 받은 개념이야.

나는 화장하기로 했어. 집사람도 나도 그렇게 하기로 했어.

그렇지만 우리를 사랑하는 사람들이 우리를 찾아와서 눈물을 흘리고 삶의 기쁨을 함께 나눌 장소가 필요하다는 생각은 하고 있어. 그래서 내 재를 흩어버리지 않고 땅에 묻기로 했어. 결국 땅에서 나와 땅으로 돌아가는 거지.

내가 죽은 뒤 집사람과 아이들을 위해서 괜찮은 매장 장소를 찾으려고 애썼네. 후손들이 찾아올 만한 곳을 물색해야 했거든. 제수씨의 재는 그녀가 다니던 교회 옆 정원에 묻었어. 동생은 한동안 정원에 앉아 울곤 했지. 그러다 시간이 지나자 묵상에 잠기는 모습을 보았어. 얼마나 좋은 환경인가. 정원. 에덴동산. 갈보리에서 가까운 정원, 우리 주님의 시신을 받았던 아리마대 요셉의 묘가 있는 곳.

그러니 정원이 좋겠어.

우리 아이들이 자랐던 곳과 가까운 정원. 예배의 장소가 된 정원. 봉헌된 땅.

그때까지 나는 시편 104편을 읊조릴 거야. 폐렴으로 내 폐가 섬유질로 바뀌기 전보다 더 헌신적으로 말이야.

주께서 그들의 호흡을 거두신즉 그들은 죽어 먼지로 돌아가
나이다.
주의 영을 보내어 그들을 창조하사 …
내가 평생토록 여호와께 노래하며
내가 살아 있는 동안 내 하나님을 찬양하리로다.

나는 여름이다

어릴 적 햇볕이 내리쬐는 여름날 숲속을 달리며 먼지를 뒤집어쓰고 놀 때 가장 좋은 냄새는 내 팔등에서 나는 냄새였다.

코 밑에 팔을 갖다 대고 킁킁거리면서 냄새를 맡곤 했다. 햇볕에 그을린 냄새, 마른 흙냄새, 이끼 냄새가 내 몸의 습기와 어우러져서 좋은 냄새를 풍겼다. 그 냄새를 맡으며 나는 잠시 눈을 감았다. 가죽 같은 내 살갗에서는 나무 뿌리들 사이에 동그랗게 모인 흙냄새가 났다. 들장미의 잔가지와 토끼털 냄새가 났다. 라일락 관목이 바스락댈 때 퍼지는 냄새, 부엽토 위에 떨어진 새털 냄새가 났다. 하늘을 물들이는 되새들의 날갯짓. 훅 불면 폭발하는 파란 포자들의 기침. 꽃가루로 진해진 공기와 외로운 뒝벌들.

내 육체와 모든 피조물은 하나가 되었다.

나는 그들 사이를 내달리며 동물적인 교감을 나누곤 했다.

두려울 것이 없었다. 들판에는 부모님이 안계셨다. 들끓는 에너지를 조용히 육체 안에 가둬두라고 나를 꾸짖는 이는 아무도 없었다. 그 시절 나는 종종 수치심에 혼자 고립되곤 했다. 교실에서 아이들은 내 어리석음을 경멸했다. 백일몽으로 인한 불쾌한 무기력함(내가 그러고 싶어서 그런 게 아니에요. 안 그럴게요. 약속해요!). 비행을 저지르고 이기적인 행동을 하기도 했다. 라디오 뒤쪽 바닥에 누워 팔로 뺨을 괴고 진공관 안에 있는 필라멘트를 응시하면서 그 안에 있는 도시 전체의 불빛을 상상하는 소년이었다. 그러다 게으르다고 등짝을 얻어맞았다. 사람들의 멸시와 비난과 체벌은 인류라는 공동체가 나를 거부하는 것과 같았다. 내가 어디에도 없는 존재가 될 때까지.

오래된 검은 잎사귀가 융단처럼 쌓인 길과 고사리 위를 달렸다. 숲속 빈터에 있는 검은 산딸기를 바라보다 작고 반들반들한 열매를 싸고 있는 과일 모양 모자를 잡아당겼다. 나는 가지요 나무요 뿌리요 흙이며 내가 먹는 열매다.

나는 여름이다.

#22

8월 10일

　시간은 나를 굴러 떨어지게 하곤 했어. 큰 바위를 부수고 낭떠러지에서 골짜기로 떨어지고 다시 튀어 오르는 계곡물처럼. 내게 시간은 아슬아슬했고 또 아주 빨랐다네.

　지금은 시간이 우아하게 천천히 흐르고 있어. 나는 하루에 걷는 거리로 시간을 재. 나에게 남은 날이 줄어들수록 그 날들을 살아내기가 더 힘들어지기 때문이야. 느림, 여기에는 얼마나 많은 인내가 필요한가. 느리게 산다는 건 둑을 쌓아 분노를 가두는 것과 같아. 속박을 당하는 육체 탓에 기어 다니는 어린아이보다 동작이 더 느리다네. 기는 아기가 저 멀리 있는 좋은 것을 잡으려고 아무리 애를 써도 끝없이 멀어지는 것처럼.

느리다고 해서 문제될 것은 전혀 없어. 한때는 시간이 아슬아슬하게 굴러 떨어지는 것 같더니 지금은 여유가 생겼어. 너른 평야를 덮는 강처럼 말이야. 혹독하다고 생각했던 인내가 이제는 은혜가 되었다네.

이제는 미래를 붙잡으려고 돌진하면서 너무 많은 것을 기대하지 않아. 왼쪽도 둘러보고 오른쪽도 둘러봐. 지금은 모든 것을 세심히 살필 시간이니까. 나무들은 자기 뿌리를 들어 올릴 수도 움직일 수도 없어. 한 번의 움직임으로 한 계절을 가득 채울 뿐이야. 그러니 나도 잠시 나무들 곁에 머물려 해. 나의 발가락이 뿌리가 되어 줄 거야. 때에 맞춰 내리는 단비는 거의 영원히 계속될 거야.

시간이 짧을수록 내 시야는 넓어져.

오, 어여쁜 나의 손녀야! 지금 너는 목적을 이루거나 완성해야 할 미래가 필요하지 않다. 더 좋은 아이가 될 필요도 없어. 지금 그대로! 있는 모습 그대로 충분해. 언젠가는 너도 결혼하겠지. 그 자리에 내가 있을까? 너를 안아줄 수 있을까? 지금 당장은 모르겠구나. 하지만 지금 나는 특별한 미래를 달

　　　　　　　　　　　　　　암의 나라에서 온 편지

라고 간청하지 않는단다. 그 미래를 놓고 흥정을 하지도 않아. 애야, 네가 있어! 그리고 내가 있구나. 너의 전부가 바로 지금 나의 전부를 채울 시간은 충분하단다.

애야, 이걸 보렴. 내 손가락 끝이 네 손가락 끝에 닿는다. 이렇게 함께 있는 걸로 충분하단다.

인내가 실제로 어떤 혜택을 주는지 말해볼까.

암이 내 시간의 속도를 부수어 저 수평선 멀리 은빛 움직임을 흩뿌리기 전에는 여러 해 동안 양말을 벗지 않았어. 특히 오른쪽 양말은 절대로 안 벗었지. 오른쪽 엄지발가락 발톱 밑에 균종이 있어서 까맸거든. 빅스 바포럽 연고를 매일 바르면 다시 예전처럼 발가락이 깨끗해질 수 있다고 하더군.

그래서 시도를 했지. 처음엔 꽤 자주 침대 옆에 앉아서 왼쪽 무릎에 오른쪽 발목을 올리고 엄지손가락으로 찐득찐득한 연고를 바르곤 했어. 하지만 그 시절에 나는 늘 몹시 바빴어. 길이 좁고 경사가 심한 계곡을 세차게 흐르는 물, 그 위를 항해하는 종이배처럼 숨 쉴 틈도 없이 달렸지. 빨리, 빨리! 늘 시간이 부족했어. 앉아서 발가락을 돌볼 여유가 없었어. 여러 해가 흐르자 발톱은 퇴비처럼 까매지고 말았어.

그런데 암이 내달리던 삶의 속도를 줄여놓았어. 아주 느릿느릿 흘러갈 수밖에 없게 되었어. 저녁 샤워와 아침 식사 사이가 아주 길어졌지.

느릿느릿 얼굴을 내미는 아침 해에 관심이 있었다면, 그 동작을 흉내 냈을지도 몰라. 발톱을 돌볼 시간도 생겼지. 따뜻한 욕조에서 부드러워진 발톱 깊숙이 스며들도록 빅스 바포럽 연고를 천천히 문질러 발랐어. 무척 재미있는 일이라는 양.

엄지발톱이 얼마나 천천히 자라는지 자네들도 알 거야. 한 달이 지나자 창문에 드리운 까만 그늘처럼 곰팡이가 올라오는 것을 볼 수 있었어. 검은 태양이 떠오르는 긴 아침 같았어!

드디어 그 부분이 위로 올라왔어. 발톱을 깎을 때마다 올라온 검은 부분을 가늘게 잘라냈다네.

암이 내 발톱을 치료했어.

곧 오른쪽 양말도 벗을 걸세.

확실히 지금은 좋은 시절이야. 그렇지 않은가? 우리가 이를 가는 고통에 주의를 기울이듯 긴 불행이 주는 축복에 대해서도 그만큼 주의를 기울일 좋은 기회야. 오래 통증에 시달려 다른 사람보다 병을 더 잘 견디는 누군가의 독특한 해석이라고 생각하지 말게. 모든 사람이 가질 수 있는 믿음이야. 배우는 데는 항상 굴곡이 있긴 하지.

주의를 기울이게!

라코타족 말 중에 "와친 크사파 요! *wachin ksapa yo*"라는 말이 있어. 무슨 일이든 돌발적으로 하지 말고 "주의를 기울이라"는 뜻이야. 항상 주의를 기울이게.

개미 한 마리의 발소리가 우레 소리를 내며 전속력으로 달리는 송아지의 발소리 못지않을 수도 있고 하늘만큼 중요할 수도 있다.

술에 빠지거나 약에 의존하는 대신, 자기연민이나 끝없는 슬픔에 잠기는 대신 우정을 생각하게. 우정은 우리와 친구가 되기 위해 우리의 느릿느릿한 걸음을 끈기 있게 기다려주는 나무와 같네. 굴뚝새는 번뜩이는 재치처럼 빠르지만, 늘 한 길로만 다니고 시간을 들여 그 길을 반복하고 또 반복하다 익숙해진 장소에 둥지를 튼다네. 아이들에게는 1분이 평생 같아. 그래서 길디 긴 1분에 사로잡히는 법이야.

발톱은 아주 천천히 시간을 들여 나왔어. 그러나 내게는 샤워를 마치고 한 잔의 커피를 마시는 사이의 시간이었네.

월트

수정 같이 맑은

천사가 수정 같이 맑은 생명수의 강을 내게 보이니

하나님과 및 어린 양의 보좌로부터 나와서 길 가운데로 흐르더라.

강 좌우에 생명나무가 있어 열두 가지 열매를 맺되 달마다 그 열매를 맺고

그 나무 잎사귀들은 만국을 치료하기 위하여 있더라.

이것들을 증언하신 이가 이르시되 "내가 진실로 속히 오리라" 하시거늘

아멘, 주 예수여 오시옵소서.

월터 웽거린

2008년 4월 15일

안정적이다. 내 암에 있는 종양은 잠을 자고 있다. 세상의 시간은 계속 흐르고 있다. 내 주님이 가까이 계신 탓일까. 나는 조용히, 그리고 차분하게, 지금도 살아 있다.

월터 웽거린

의미 없는 고난은 없다

새벽 다섯 시, 창문을 연다. 차가운 공기가 냉큼 밀려든다. 새들은 숨죽여 울고 미처 넘어가지 못한 달빛이 창밖 나무들을 환히 비춘다. 바람이 손에 잡힐 듯 소리를 낸다. 강을 건너 드넓은 초지를 휩쓸고 달려온 초겨울 바람이 둔덕에 선 나뭇가지들을 흔들고 있는 것이다. 이곳 요양원에서의 계절은 벌써 세 번이나 바뀌었다.

암, 그 병이 일상에서 나를 몰아내었다. 강제로 멈추게 했다. 작년 1월, 박사 논문 준비를 마칠 무렵, 암임을 알게 되고 수술을 받았다. 시간은 굼벵이보다 더디 흘렀다. 봄은 영영 오지 않을 것 같았고 치료의 끝은 아득하게만 보였다. 10월, 날마다 방사선이 몸에 검붉은 상처를 아로새길 무렵, 출판사

측에서 조심스레 번역의사를 타진해왔다.

　그날 이후 웽거린은 친구가 되었다. 나는 웽거린을 병원에 데리고 갔고 수목원으로, 요양원으로, 산으로, 들로 데리고 다녔다. 그가 묘사한 치료 과정을 더듬었고 환우들에게서 보았던, 그리고 나 자신에게서 일어났던 의식변화와 사고 과정을 좇아갔다.

　우리에게는 일치하는 점이 많았다. 동일한 신체의 병, 그리고 마음의 병을 앓고 있었으므로. 그는 폐암 3기, 나는 유방암 3기였다. 당시 나는 항암주사 부작용으로 인해 머리칼도 눈썹도 하나도 없는, 털이란 털은 모조리 빠져버린 상태였다. 웽거린의 외모가 곧 나의 외모였던 것이다.

　그가 겪은 고통 또한 나의 고통이기도 했다. 다리와 팔, 손가락과 발바닥의 통증. 앉지도 서지도 눕지도 못하는, 잠들 수 없는 밤들. 지금도 화장실 문만 물끄러미 바라보던 그때가 생생하다. 아픔으로 눈물만 번져나던 때, 딸아이가 나를 일으켜 화장실에 데려다주었고 침대로 밥을 가져다 먹여주었던 바로 그때 말이다.

　어디 육체적 고통뿐일까. 정신적인 고통 역시 커다랗게 다가왔다. 타인의 오해 아닌 오해는 가슴을 들쑤셨다. 무엇보다도 책 속에 등장하듯 "암은 악마가 보낸 거예요"라는, 암을 죄

악시하는 말, 죄를 지은 대가라는 말은 나를 무너져 내리게
했다. 그리고 쓸모없는 자가 되었다는 자괴감이 날마다 나를
찾아왔다.

나의 자괴감은 웽거린의 그것과 같은 가치관에서 비롯한
것이었다. 무기력한 아이, 쓸모없는 아이, 학대당한 아이에서
비롯한 웽거린의 강박증은 '가치 있는 자'라는 위안을 얻기
위한 몸부림으로, 그를 쉼 없는 삶으로 몰아갔다. 강박증은
그와 관계를 맺은, 아니 관계 속에 그를 받아들여주었던 존재
들의 아름다움을 즐기고 누릴 시간을 주지 않았다. 나 역시
마찬가지였다. 아마 우리 모두 그럴 것이다.

우리는 누구나 시간이 없다고 말한다. 시간이 없다는 것은
중요한 일들을 하느라 바쁜 것 같지만 사실은 일상의 일을 처
리하느라 가장 중요한 일, 왜 살아야 하는지 그 이유를 알지
못한다는 뜻이다. 다급하지만 사소한 일에 매몰되어 눈앞에
것들만 보고 살아왔던 것이다.

암은 나를 강제로 멈추게 만들었고 가장 중요한 일, 삶의
의미를 찾게 만들었다. '우선순위를 정하는 일', 그것은 곧
'무엇이 가장 중요한가?' 이기도 했다. 무엇이 가장 중요할까.
그것은 '내가 왜 살고 있는가'가 아닐까. 그것은 곧 삶의 의미
를 찾는 것이 아닐까.

　　　　　　　　　　　　　암의 나라에서 온 편지

웽거린은 그 과정에 '명상'이라는 이름을 붙였고 자연과 생명의 아름다움을 절절히 느끼는 그 과정 또한 적었다. 내게 그 과정은 '내 존재의 근원'을 찾아가는 과정이었다. '존재의 근원'이란 내가 왜 살고 있는가의 문제였다. 삶과 죽음은 한 선상에 놓인다.

저자의 말을 빌리면 "죽음은 삶을 둘러싸고 있으므로." 삶은 죽음의 이면이고 죽음은 삶의 이면이다. 삶은 죽음에 이르러 비로소 완성되며 충실한 삶을 산 사람은 죽음 앞에서 두려워하거나 후회하지 않는다. 삶과 죽음이 존재라는 한 이유에서 나온다면, 그 이유는 시간을 넘나드는 것이었고 존재를 지닌 모든 것들은 하나로 귀결되고 있었다.

웽거린처럼 아플 동안, 아니 회복을 기다리는 동안 나는 내 삶과 나를 둘러싼 관계를 들여다보고 지금까지 있어온 관계의 성질을 다시 정립했다. 완전히 새로운 눈으로 세상을 바라보게 된 것이다. 홀로 떨어져 있는 현재가 외롭지 않은 것은 관계 안에서 풍성함이 솟아나오기 때문이다. 모든 것이 멈춘 지금이 오히려 기쁜 것은 내 안에서 깊음을 찾아낼 수 있게 되었기 때문이다.

많은 이들이 병실로, 요양원으로 찾아왔고 가까이서 멀리서 격려해주었다. 학우들, 지인들, 친구들, 특히 잊을 수 없는 나의 지도교수님과 도영임, 그리고 직장에 다니랴 집안 살림 꾸리랴 쉴 틈 없이 바쁜 와중에도 격려를 잊지 않는 남편과 엄마 없는 생활을 이어가는 아들과 딸, 고맙다.

수술 받은 지 1년 9개월, 감히 말하건대 몸은 아팠어도 삶은 아프지 않았다. 아니, 오히려 암은 내게 도움이 되었다. 의미 없는 고난은 없다. 고통은 내 삶의 방향을 다시 설정하도록 했던 것이다. 이 책이 암환자들에게 도움이 되기를, 위안을 얻기를 간절히 기도한다. 마음으로, 몸으로 앓는 모든 이에게 이 병이 두 번째 삶으로 새롭게 하는 계기가 되기를 바란다.

2011년 10월

광천의 요양원에서

온전한 회복을 앞둔 이명

당신은 여기 계시며

잠의 어둠 속에서도

죽음의 어둠 속에서도 함께 하십니다.

암의 나라에서 온 편지